JN409325

그대 목소리

그대 목소리

김양희 여덟 번째 수필집

수필과비평사

■ 차례

1부

바보에 반하다

2부

혼불 다시 읽다

3부

거기까지

4부

시간의 얼굴

5부

영혼의 친구

1부

바보에 반하다

간서치看書痴. 그는 '책만 보는 바보' 이덕무였다. 조선조의 실학자 이덕무는 비바람도 못 가리는 빈한한 집에 살면서도 하루도 손에서 책을 놓은 적이 없었다.

바보에 반하다

한 해를 보내는 계절, 겨울 초입에서 나는 한 남자에게 반해 있었다. 운동하고 와서, 식사 후에도 잠시 잠깐 스치는 자투리 시간에도 나는 그를 만나지 않고서는 배길 수가 없었다. 열정이라도 좋고 열망이나 노욕이라 해도 좋았다. 한 인간에게서 나는 삶의 향기와 철학이 배우고 싶었기 때문이다.

간서치看書痴. 그는 '책만 보는 바보' 이덕무였다. 조선조의 실학자 이덕무는 비바람도 못 가리는 빈한한 집에 살면서도 하루도 손에서 책을 놓은 적이 없었다. 흙벽으로 된 자신의 조그만 방에서 온종일 햇살을 따라 장을 옮겨가며 책에 몰두했다. 긴긴 겨울밤에는 이불 위에 한서漢書 한 질을 덮고 『논어』를 병풍처럼 세워 외풍을 막았다. 이렇게 평생 읽은 책이 이만 권.

"목멱산 아래 어리석은 사람 하나 살았다. 세상일 알지 못하고 오직 책 보는 일만 즐거움으로 삼았기에 춥거나 덥거나 배고프거나 병드는 것도 아랑곳하지 않았다."

이덕무가 스스로에 대해 쓴 글이다. 한국독서학회에서는 2006년 1월, '이달의 독서인'으로 이덕무를 선정했다.

그러나 그는 서러운 서얼 출신이라는 신분적 제약과 빈곤한 생활, 허약한 체질 등을 극복하고, 확고한 학문관으로 독서에만 힘썼기에 후일 정조 임금의 신임을 얻게 되고 규장각 검서관에까지 올랐다. 특히 풍열로 눈병이 걸려 눈을 뜰 수 없는 중에도 어렵사리 실눈을 뜨고서 책을 읽었던 책벌

레였다고 전해진다. 열 손가락 모두 동상에 걸려 피가 터질 지경에서도 책을 빌려 달라는 편지를 써 보내기도 했다는 유명한 일화가 있다.

그는 왜 그토록 책 읽는 일에만 몰두했을까. 반상의 구분이 엄혹했던 시절, 평생의 굴레인 서자로 태어난 그는 어디에도 낄 데가 없던 반쪽 양반이었기에 글을 읽었으나 펼칠 자리가 없으니 그의 혼에는 항상 외로움이 묻어났다.

벼슬길도 막막했고 가슴 속 품은 뜻을 세상에 이룰 수도 없는 처지가 한스러워 그는 책만 읽고 책 속의 세상으로 빠져들었다.

전기가 없던 조선 시대, 그는 얼마나 햇살을 사랑했던지 벽에다 햇살 금을 그어놓고 밖에 있다가도 햇살이 눈금에 닿으면 얼른 들어와 서너 시간씩 책을 읽곤 했다. 밤낮 없이 전깃불이 밝히는 요즘 세상의 편리함에도 손에서 책을 잡기가 드문 내 독서의 게으름을 부끄럽게 하는 대목이었다.

가난한 환경에서 자랐으나 박학다식하고 시와 문장에 능숙했던 그는 맹목이다시피 책 속에 파고들어 그의 주변엔 비슷한 처지의 서얼 문인들과 많은 교분을 쌓고 있었다. 연암 박지원과 유득공도 백탑(원각사지 십층석탑) 아래 이덕무와 한동네 살았으며, 남산 아래에는 벗이자 처남인 백동수와 박제가가 함께 오가며 『백탑청연집』이란 시문집을 펴내기도 했다.

그도 역시 서자인 유득공은 덕무보다 일곱 살이나 적었으나 허물없이 지내며 학문을 교류했다. 정조 시대의 문인이요 역사가였던 유득공은 후일 이덕무, 박제가, 이서구와 더불어 한문학사에서 사가四家로 불리게 된다.

뜻을 세웠다 하더라도 세운 뜻을 펼쳐 보일 데가 없는 덕무의 삼십 대는 내내 외롭고 서럽기만 했다. 그러나 그에게도 한 줄기 빛이 비쳐들었다. 덕무의 나이 사십에 유득공, 박제가와 함께 대궐의 부름을 받아 벼슬길에 오르게 되었다. 세상에 태어나 드디어 쓰일 곳을 얻게 된 것이다. 중국 사신 일행을 따라 한 달간 중국 연경에 다녀온 후 많은 경험을 쌓은 후의 일이었다.

관복을 입고 처음 입궐하던 날, 아버님께 인사를 올리는데 덕무는 저도 모르게 눈물을 흘렸다. 그는 규장각 서고에 가득한 책들 속에서 좀벌레로 늙어간다고 해도, 이 세상 어딘가에 자신의 자리가 있다면 기꺼이 받아들일 수 있다는 희열과 보람에 차 있었다.

얼마 후에 그는 정조가 세운 규장각의 검서관일 뿐만 아니라 경기도 적성의 고을 현감으로 내려가게 된다. 그의 아버지는 덕무가 고을 수령으로 보직을 받았다는 말을 듣고는 눈물을 흘리며 대궐을 향해 절을 올렸다.

유득공은 양근(양평) 군수로, 박제가는 충청도 부여 현감을 맡게 됐다.

처남 백동수는 충청도 비인 현감으로 임명되어 어릴 때부터 같이 책을 읽으며 사귀던 친구들이 모두 저마다 맡은 고을을 다스리게 되었다. 이는 서자들에게도 나라의 보직을 허락한 정조 임금의 열린 시대관과 정신에 의한 정책이었으니 그 감격 또한 남달랐을 것이다.

그러나 고된 대궐의 일은 허약한 덕무에겐 무리였을까. 감기가 심하게 들린 몸으로도 간절한 고향 생각에 백탑을 보러 갔다가 비까지 흠뻑 맞고는 혼절해 쓰러졌다. 1793년 1월, 덕무는 끝내 자리에서 일어나지 못하고 쉰세 살의 나이로 세상을 떠났다. 그가 떠나고 난 이태 후에 정조는 덕무의 재주와 능력을 특별히 아껴 외아들 광규를 검서관으로 임명하라는 명을 내렸다.

아들 이광규는 아버지가 남긴 대부분의 유작들을 모아서 다시 엮어 펴내었다. 여기에는 『입연기』 등 이덕무의 저술들이 대부분 포함되어 있는데 모두 70여 권에 이르는 방대한

양이었다.

수백 년 전의 조선조를 살다 간 우직했던 간서치인 한 선비의 기록을 보며 오늘날 우리가 삼아야 할 교훈은 무엇인가. 그것은 책을 사랑하는 순수한 선비정신과 학문에 대한 탐구열이었다. 오늘날 글쓰는 작가입네, 하고 섣부른 글 완장을 찬 자신을 비롯한 수많은 문인들에 대한 엄격한 죽비소리요 교훈이었다. 이덕무의 진정한 독서 사랑과 선비정신이 간절히 그리운 계절이다.

「탄생」의 의미

모든 태어남에는 뿌리와 씨앗의 태동이 있다. 부드러운 흙의 토양에도 씨앗의 발아가 있어야 식물이 자라나듯 어떠한 생명의 시작도 뿌리가 있기에 가능한 일이다. 우리 안에 심어진 씨앗은 무엇일까.

그런 마음으로 영화「탄생」을 보러 갔다. 초겨울의 강추위가 매서웠으나 이른 아침부터 뜻을 합한 문우 셋은 발걸음을 서둘렀다. 한국인 최초의 사제 김대건 신부의 생애를 다룬 영화라 종교에 대한 편견을 우려했으나 그것은 오히려

기우에 불과했다. 감독도, 주연배우도 가톨릭 신자가 아니었으니 영화는 오히려 새로운 세상에 대한 도전과 비전을 꿈꾼 한 청년의 생애에 초점을 두고 있었다.

이백여 년 전 한 외국인 사제가 입국하는 장면에서 영화는 시작된다. 얼굴을 가리고 거적에 누운 채 돌림병 환자를 가장해 관리의 검문을 겨우 통과했으니 그 개척자의 험난한 일생은 미리 예고되어 있었다. 박해시대에 온갖 위험과 맞서며 죽음을 각오하고 동양의 낯선 땅으로 왔으니 그들에게 신앙의 힘은 과연 무엇이었을까.

오래전 유럽 성지순례 시 파리 외방전교회 수도회에 들러 참배한 적이 있었다. 수도회 뒤편에는 자그만 쪽문이 하나 있었는데 그 문의 이름은 '돌아오지 않는 문'이었다.

수백 년 전 처절한 박해시대에 선교사들은 미지의 나라로 파견되어 그 문을 나서며 이미 살아서는 돌아오지 못할 것을 각오하고 복음의 씨앗을 뿌리기 위해 낯선 이방의 나라로 향했으니 문 앞에 선 우리 순례객들의 마음은 저절로 숙연해지고 있었다.

다시 영화는 망망대해 폭우에 휩쓸리고 있는 작은 고깃배 라파엘호가 거센 풍랑과 맞서 싸우고 있었다. 청년 김대건은 오로지 신께 바친 믿음 하나로 수백 번의 죽음과 맞닥뜨려야 했다. 배우 윤시윤의 진실되고 절절한 연기는 교황청을 움직였다.

이 영화에 감동한 프란치스코 교황은 사상 처음으로 한국영화를 로마의 교황청으로 초대해 시사회를 가졌다. 또한 윤시윤에게는 “성인의 얼굴을 가졌다.”는 최고의 찬사를 보내기도 했다.

역사는 어떤 섭리를 통해 흘러가고 탄생한다. 당시 한국천주교회는 외국인의 선교에 의해 태동한 것이 아니고 학자들에 의해 하나의 학문으로 받아들여져 스스로 생긴 자생교회였다. 반상의 구분이 뚜렷하던 조선사회에 하느님 안에 모두 한 형제라는 이 교리는 왕권에 대한 도전이요, 반역이요, 처형의 대상이었다. 잔혹한 탄압 속에서도 신념을 포기하지 않았던 신앙의 열기는 들불처럼 타올랐다.

학자들과 양반사회에서 은밀히 전파된 신앙 교리 안에서 정하상 바오로는 조선교구 최초의 평신도 지도자였다. 정약종의 아들이요 정약용의 조카였던 그는 『상재상서』를 쓴 대단한 학자요 모범적인 신앙인이었다.

그는 박해시대에 교황청에 최초로 청원서를 보냈다. 첫째는 '조선에 사제를 보내주시옵기를', 둘째는 '오래가는 기쁨을 주시옵기를' 하는 청원이었다. '오래가는 기쁨'은 바로 한국인 사제를 양성하게 해달라는 뜻이었다.

그 결과 드디어 조선에 주문모 신부와 모방 신부 두 사제가 입국하게 되고 처음으로 사제 양성의 기틀을 마련하게 된다. 조선에서 선발된 김대건, 최양업, 최방제 세 소년이 마카오로 신학 공부를 떠나게 되니 열다섯 어린 소년들이었다. 그러나 애석하게도 최방제는 떠난 지 육 개월 만에 타국 땅에서 열병으로 사망하게 된다.

당시 마카오로 가는 길은 육칠 개월 이상을 걸어가야 하는 힘든 여정이었다. 이 험난한 길을 현석문 가롤로가 길잡이로 함께 떠난다. 이후로도 김대건은 아버지와 동갑이었던 현석문을 친아버지처럼 따르고 존경했다. 후일 현석문은 조선인 박해시대를 기록한 순교자 보고서인 『기해일기』를 작성하는 큰 업적을 남기게 된다.

세상에 없던 길을 걸어갔던 청년 김대건. 드디어 갖은 수난과 고초 끝에 조선의 첫 신부가 탄생했으니 중국 금가항 성당에서 사제 성품을 받는다. 15세 어린 소년이 멀리 이국으로 떠난 지 무려 십 년 만의 일이었다.

사제가 되어 조선에 입국한 김대건은 고향인 충청도 은이 공소에서 어머니 고우술라를 모시고 감격적인 미사를 봉헌하게 된다. 혹독했던 박해시대, 최소한의 안전도 보장할 수 없는 이국땅에 아들을 보낸 심경은 수없는 슬픔을 안으로만 삭여야 했다. 문전걸식하며 보내던 어머니가 자랑스러운 사제가 된 아들의 모습을 보게 된 그 심경은 어떠했을까. 그러나 모자간의 행복했던 상봉도 불과 사 개월 정도.

새로운 조선을 꿈꾸던 청년 김대건은 강경 순위도에서 체포되고 만다. 옥에서 현석문과 잠시 포옹하게 되나 그의 삶은 너무도 짧기만 했다.

옥중에서 눈물을 삼키는 사제 김대건에게 형리가 문초한다. "신부님도 우십니까?" "주 안에서 죽게 되었으니 이제 참아야 할 이유가 없습니다."라는 대건의 비장한 각오 앞에 영화를 보며 어둠 속에서 뜨거운 눈물이 솟구친다. 결국 서소문 밖 형장에서 현석문과 함께 참수형으로 순교하는 김대건 신부. 그의 나이 스물여섯. 너무도 젊은 나이였다.

신앙을 위해 목숨을 바친 순교자들이 추구했던 숭고한 가치는 무엇이었을까. 극장을 나서는 마음이 먹먹했다. 문화를 통한 복음화의 가치보다도 앞선 김대건의 일생을 통해 우리는 무엇을 느낄 수가 있을까. 조선의 근대사 안에서 변화를 추구하던 한 청년의 생애를 보고 생의 길을 묻는 사람들에게 물음표를 던지며 영화는 역사로서 답하고 있었다.

파묘

오월 하늘은 맑았다. 따뜻한 봄날 푸른 옥빛을 띤 하늘가엔 구름 한 점 없었다. 어머님도 저렇게 푸르른 자연의 산야를 좋아하셨다. 가신 지 이십 년이건만 산소에 오니 마치 어머님이 옆에 계신 듯했다. 나는 무릎을 꿇어 봉분의 잔디를 손으로 천천히 쓰다듬으며 오랫동안 내 어머님과 속 엣말을 나누었다.

묘소는 조용했다. 사방이 병풍처럼 산으로 둘러싸여 푸른 수목들이 청명한 바람을 일으키고 있었다. 비 온 뒤 상쾌한 공기, 땅은 적당히 부드럽고 뜨거운 태양도 지열도 없어 파묘 이장에는 더없이 좋은 날이 인자했던 어머님의 음덕 같았다.

십자가 표지와 "고령신씨 헬레나 복련지묘"라 쓰인 묘지의 표지석 옆으로는 시든 영산홍 꽃잎이 소복이 떨어져 있었다. 영혼의 집을 옮기기 위한 인부들은 포클레인과 함께 먼저 와 기다리고 있었다. 경기도 안성 땅, 미리내 산야에서 오랫동안 잠들었던 어머니의 영혼을 위해 가족들이 돗자리를 펼쳐 파묘 예절을 올렸다.

검은 대리석의 묘지 표지석이 떨어져 나갔다. 산길을 내려오는데 이내 요란한 굴착기의 굉음이 들리기 시작했다. 이제 곧 수습된 유골은 화장터로 옮겨지고 흰 도자기 항아리에 담긴 어머님의 유해는 한줌 재가 되어 봉안당에 모셔지리라. 그 순간 왈칵 눈물이 났다. 생전에 화장을 싫어하셨던 엄마가 생각났기 때문이다.

황량한 공원묘지 저 너머로 까마귀 울음소리가 길게 이어졌다. 유골의 수습, 무無다. 아무것도 없다. 인간의 실체는 어디로 간 것일까. 공기처럼 허공에 산화한 것인가. 사라져간 내 어머니의 실체는 구름 되고 바람 되고 흙이 되어 원래의 없었던 그 자리로 돌아갔다. 나 또한 그러하리라. 고스란히 덧입혀진 죽음의 존재, 그리고 그 생의 흔적만이 거기 있었다. 실물도 형체도 없어진 내 어머니가 하얀 아까시 나무 사이로 봄날의 꽃길을 걸어가신다.

이제 내게 사진첩으로만 남은 어머님의 장례식 날은 흰 눈발이 흘러내렸다.

사진 속에는 울음이 있다. 이별이 있다. 슬픔도 있다. 이 땅에서 오십이 년 동안 내 어머니로 살아주었던 여인에 대한 그리움이 있다. 세월이 아무리 흘러도 가버린 엄마에의 사모곡은 동백꽃처럼 더욱 선연해지고 있었다.

여름의 초입이었을까. 포목장사였던 어머니의 한복은 언제나 곱고도 유행을 앞서갔다. 동네에선 어머님이 걸어가시면 골목이 훤하다던 말씀을 자주 하셨다. 주홍빛과 감색의 다우다 겹치마에서 와르르 쏟아내시던 찐 옥수수의 기억. 어린 남매들은 걸신들린 듯 오순도순 모여앉아 하모니카를 불기 시작한다. 그 유년의 다감했던 추억은 평생 옥수수를 애착하게 만들었다.

자연은 어떤 상흔도 치유하는 우주의 기운을 담았다. 유달리 산야를 좋아했던 어머니는 숲으로 소풍이라도 나오는 날엔 돌아가기를 싫어하시곤 했다. 저무는 하늘가에서 우두커니 무릎을 세우고 앉아 흘러가는 구름을 바라보는 쓸쓸한 어머님의 눈매를 넷째 딸은 오래도록 가슴에 새기곤 했다.

그렇게 사랑하던 자연 속으로 영영 돌아가실 순간이 다가왔다. 용인화장터 '평온의 숲'에는 녹음이 더욱 무성했다. 수습한 유골이 수골실로 들어갔다. 이제 비로소 영원한 자유를 찾게 된 어머님은 한줌 따뜻한 재로 남아 자손들의 품에 안겼다. 봄날의 솔바람이 나른한 졸음을 몰고 왔다. 사라짐은 축제가 되어 가신 부모님도, 남은 자식들도 모두에게 평온함을 주었다.

이승에서 마지막 장례식을 치를 때와는 또 다른 작별의 의식이 마음의 평정을 가져왔다. 어머님은 이제 평안하실까. 밤잠 못 이루시던 수많은 고뇌로부터 해방되심은 이런 것일까. 꿈에서도 나타나 머릿수건에 주걱으로 밥을 퍼주시던 그 근심과 자애는 멀어져 아득해졌으니 홀로 거두소서. 이제 청정심 속에서 당신만의 영락을 누리시리라.

안성묘원의 봉안당은 일반적인 건물 형태가 아니었다. 납골당의 형식을 갖춘 건물 내부에 모셔짐이 아니라 산 능선을 따라 층계별로 외벽이 세워진 아파트 형식에다 칸칸이 영혼들의 이름이 새겨진 외부 지향적이었다. 처음 보는 봉안묘의 형식이었다.

산야를 이마에 맞댄 산비탈의 묘석에서 한 개 번호를 차지하신 어머님은 이제 영원의 품을 찾아들었다. 그렇게도 자연을 좋아하시더니 하늘과 구름, 나무와 바람이 모두 당신의 것이 되었다. 생전의 바람과 뜻은 이렇게 영원의 집에서 일치하게 됐다.

비 온 뒤의 서늘한 공기가 산천을 적셨다. 칠남매의 염원이 하늘에 닿았음일까. 어머님의 영이 손을 흔들며 따뜻한 미소를 보내왔다.

그렇게 이른 봄날의 파묘는 허무와 실존 사이를 오가며 막을 내렸다.

살아간다는 것과 사라진다는 것. 그 경계는 어디일까. 인간은 어차피 시간 속에서 태어나 시간 위에서 살다가 시간 밖으로 사라져 가는 허무의 존재일 뿐. 돌아오는 길 위에서 김후란 시인의「떠나가는 시간」을 떠올린다.

> 살아가는 길에 떠나감이 없다면
> 떠나보내는 아쉬움이 없다면

그래, 인생은 눈부심의 순간들이지만
가슴 뜨거운 얽힘이 있어
서로를 잊지 못하네

그리운 날들 그리운 이름들
노을이 지는 아름다움처럼
눈시울이 젖으면서

먼 먼 길이
떠나가는 시간으로
이어지네.

통도사 홍매화

봄은 자꾸만 밖으로 나가라고 마음을 부추긴다. 겨우내 움츠렸던 기운이 따뜻해진 대기의 기운으로 사방이 포근해지면 마음을 따라 몸도 움직인다. 내 고향 통도사. 고향의 봄은 그렇게 꽃소식보다 먼저 다가왔다.

봄소식을 전하는 꽃이 어찌 홍매화뿐이랴. 눈 속을 뚫고 나온 복수초나 양지바른 둔덕의 노랑 개나리꽃도 계절의 전령사로 먼저 와 있었지만 내 마음이 달려가는 곳은 언제나 통도사 홍매화 가지 끝으로 향하곤 한다.

통도사 일주문을 지나 법당에 들어설 때는 언제나 마음이 경건해진다. 그러나 두 눈을 크게 부릅뜨고 갖가지 죄악을 발로 지그시 누르고 선 그 사천왕상의 목상들이 무서워서 눈을 꼭 감고는 얼른 지나치곤 했던 어릴 적 기억은 지금도 선명하다. 계단을 벗어나 오른편 뒤쪽으로 발길을 돌리면 거기 세 그루의 농익은 매화나무가 새댁처럼 다소곳이 피어 있다.

작년의 개화 시기가 이월 말쯤이었으니 그때를 맞추어 매화 가지 앞에 섰다. 전국적으로 이름이 난 통도사 홍매화는 이미 출사 나온 사진가들로 빽빽이 진을 치고 있었다. 얼마 전만 해도 조급함이 앞서 핸드폰을 들고 이리저리 초점을 맞추곤 했지만 이젠 한겨울을 이기고 봉긋이 고개 내민 분홍빛 꽃가지를 지긋이 완상하고만 있는 자신의 모습을 발견하고 혼자 내면의 여유를 발견하기도 한다.

얼마 후면 저 매화는 가엾게도 툭 떨어지고 말리라. 떨어지는 낙화는 미련도 아쉬움도 없다. 그저 한 철 봄날을 화려하게 꽃 피우고는 다시 또 열매를 맺을 뿐. 해마다 피는 꽃은 그러나 인간의 유한성에 비해 얼마나 숭고하고 아름다운 것인가.

통도사의 사계는 언제나 유년의 기억 속에서 살아있는 보물창고다. 우뚝 솟은 영취산 큰바위얼굴을 보고 꿈을 가졌으나 어른이 된 후 그 바위는 그리 크지도 우람하지도 않았다. 어린 시절 그렇게도 커 보이던 초등학교 운동장의 아름드리 느티나무가 지금은 그저 한 그루 학교를 지키는 지킴목일 뿐인 것처럼.

정월 대보름이면 솔바람에 일렁이는 달 밝은 밤에 신작로를 걸어 집에서 오릿길인 통도사에 오르곤 했다. 한복 통치마를 입은 언니의 손을 잡은 나는 달빛 아래 일렁이는 소나무 사이로 난 파란 하늘을 자주 쳐다보곤 했다. 거기 낮에 보던 하늘과는 전혀 다른 신비로움이 있었다.

통도사 일주문 앞에 있는 삼성 반월교를 수차례 왕복으로 걸으며 무병하기를 빌었던 자매들은 이제 어느덧 구순을 바라보는 안방 노인으로 살아가고 있으니 세월의 무상함은 말로 다 할 수가 없는 것이다.

통도사 초입에 있던 바람이 춤추던 무풍교. 산바람을 타고 온 넘실대던 시냇물은 여름날 어린이들의 즐거운 물놀이터였다. 너럭바위에서 풍덩 풍덩 뛰어내리며 멱을 감던 그 가슴까지 차오르던 냇물은 다 어디로 사라져 갔을까. 지금 무풍교 아래는 말라버린 개천의 돌들만 구르고 있어 가슴에 메마른 바람이 분다. 사라져가는 모든 것에는 그리움이 묻어있다.

오월 단오절이면 창포에 머리를 감고 동백기름을 단아하게 바른 처녀들이 그네뛰기 대회를 했다. 지산 평산으로 넘어가는 좁다란 산길 옆 솔숲에서 열리던 그네뛰기 날은 곱게 단장한 동네 처녀들이 모처럼 해방되는 날이었다. 하늘

향해 힘껏 날아가던 그네가 일렁일 때마다 봄꽃 사이로 바람에 휘날리는 분홍 꽃댕기는 한 폭의 멋진 풍속화였다.

천상과 지옥을 모두 잊게 한다는 극락암은 경봉선사(1892~1982)의 오랜 처소였다. 간화선을 통해 깨달음을 얻은 스님께서는 자신의 방문 앞에 삼소굴이라는 현판을 붙이고 그곳에서 오십 년간 안거하셨다.

구한말에서 근현대로 이어지는 격변의 시대를 살다 간 우리 시대 최고의 선승 중 한 분이신 경봉 스님의 화두는 '바보가 되어라' 였다. 사람 노릇 하자면 참 일이 많다 하시며 바보가 되는 데서 참사람이 나온다고 참구하셨다. 화장실을 뜻하는 '해우소'란 말을 맨 처음 만든 것도 경봉 선사라고 한다.

기억 속의 아득한 어느 봄날, 극락암에서 '선 부처'라 불리던 스님과의 짧은 만남이 있었다. 가족 전체가 보살계를 받은 독실한 불교 신자였던 단짝 친구와의 친분으로 극락암

뒤편에 있던 스님의 선방을 들르게 됐다. 그때 스님께선 조용히 붓글씨를 쓰고 계셨는데 친구가 삼배를 올리라고 했다. 절 밑에서 자랐으나 불교 예법을 잘 몰랐던 나는 얼떨결에 세 번 머리를 조아려 절을 올리자 곁에서 먹을 갈라고 하셨다. 무릎을 꿇고 벼루에 먹을 갈기 시작하자 스님께서 물으셨다.

"'그래 친구는 어디에서 왔는고?"

"예. 경남 도청에 다니고 있습니다." 침묵하는 나를 대신해 친구가 대답했다. "그래, 도청에 다닐 만큼 예쁘구나." 하시고는 아무 말씀이 없으셨다.

수십 년의 세월이 흐른 지금 생각해 본다. 그때 곁에서 먹을 갈면서 글씨 한 폭을 얻을 수 있었다면 가보가 되지 않았을까 하고. 요즘 서실에서 붓글씨를 쓰면서 그 한 장면의 소묘가 가끔씩 떠오르곤 한다.

통도사는 내 꿈과 성장의 요람이요 마음의 지주였다. 지금은 통도사 앞에 부도탑이 길게 서 있는 그 자리엔 옛날에 기념품 가게가 즐비했고 계절 따라 산나물을 뜯어온 아낙들의 장터이기도 했다.

절친이었던 학교 친구의 집인 영산여관이 있었고 그 옆이 통도여관이었는데 봄가을이면 수학여행 온 학생들로 벌떼처럼 와글거렸으나 지금은 상업의 흔적은 말끔히 없애고 스님들의 부도탑만이 역사처럼 즐비하게 서 있다.

고향은 어딘들 그립지 않을까. 언제인들 가고 싶지 않을까. 그 바람과 공기를 마시고 자라난 자양분이니 나를 키워준 살과 피라고도 할 수가 있다. 그런 자력의 힘이 내년 봄에도 나를 통도사 홍매화 앞에 서 있게 할 것이다. 내 비록 고향의 홍매화를 몇 번이나 보게 될지는 몰라도 매화는 해마다 피고 또 질 것이다.

가는 봄

"언니~~번개/ 뒷산 꽃구경가요!" 문자를 받은 것은 어스름 저녁 무렵이었다. 봄이 무르익는 사월, 흐드러진 벚꽃 잎이 난분분 지고 있을 때였다. "꽃구경 좋지. 밤중에?" 쓰고 있던 붓글씨 서판을 주섬주섬 접고는 이내 마음은 벚꽃그늘 아래 가 있었다.

작은 배낭에 말랑한 귤 몇 개를 넣고 커피도 얼른 끓였다. 순자네 부부와 집을 나서자 등산로 입구 계단 앞에 영심이 부부도 서 있었다. 새벽마다 옥수약수터에서 정담을 나누는 이웃들이다. 산밑에 산다는 일은 솔바람에 지저귀는 새소리만 있음이 아니라 언제라도 마음만 내면 봄철 꽃 마중을 나갈 벗들이 있어 더욱 좋은 일이다.

아직은 어둠이 내리지 않은 산길에는 붉게 물든 진달래가 초저녁잠을 청하고 있었다. 저리도 고운 꽃송이들도 가는 봄을 아쉬워할까. 두런두런 이야기 속에 임도에 오르자 만개한 꽃들의 축제가 시작됐다. 활짝 핀 꽃들은 마음을 설레게 한다. 수관이 제법 오래된 벚꽃나무 우듬지에는 무더기로 팝콘을 터트린 꽃들이 하늘 길에 아득하게 수를 놓았다.

산밑에는 이미 벚꽃이 화르르 꽃비 되어 내리는데, 산 위에는 이제 만개한 분홍 잎이 너무도 어지러워 꽃멀미를 할 지경이다. 뭉게구름처럼 피어난 벚꽃나무에 카메라 플래시를 터트리느라 걸음에서 자꾸만 뒤처지는 마음은 가는 봄을 잡아두기라도 하려는 심사일까.

꽃들이 지고 나도 시간은 여전히 흐를 것이다. 지금 우리를 감싸 안은 이 찰나는 언젠가 사라지고 안타까운 춘정마저도 세월 속에 묻히고 말 것이다.

그러나 영원을 말해 무엇하리. 꽃이 있어 서럽도록 아름다운 이 봄밤을 우리는 걷고 또 걸을 뿐인 것을.

달그림자를 안고 조붓한 오솔길에 이르자 벚꽃 터널이 시작됐다. 일행은 흥에 겨워 「꽃 타령」이나 〈무정한 밤배〉를 목청껏 불러도 사월의 봄밤은 너그럽게 다 들어주었다. 타박이나 눈총을 주는 이도 없으니 만산 꽃길이 다 우리 것이요, 발길은 또 얼마나 가벼운지 평소 무릎 아픈 것도 다 잊고 말았다.

달빛 산행길은 저절로 시를 불러오기도 한다. '어머니 꽃구경 가요/ 제 등에 업히어 꽃구경 가요// (중략) 산자락에 휘감겨 숲길이 짙어지자/ 아이구머니나/ 어머니는 그만 말을 잃었네.// 한 움큼 솔잎을 따서/ 가는 길바닥에 뿌리며 가네// 어머니 지금 뭐하세요./ 꽃구경은 안 하시고 뭐 하시

나요./ ....'

김형영의 시 〈따뜻한 봄날〉에 장사익이 구성지게 가락을 뽑아 '꽃구경'이란 제목으로 노래를 불렀으니 우리는 또 서툰 노래 솜씨로 흉내를 내보기도 한다.

꽃 마중 길의 절반쯤에 이르렀을까. 달빛 낭자한 정자에서 배낭을 풀었다. 과일이며 고소한 쑥떡에 봉지마다 가져온 간식의 성찬이 시작됐다. 어둠 속 산길을 한 시간 걸은 후의 따끈한 커피 맛은 또 어디에 비길 수 있을까.

선암사 뒷길을 돌아 나오자 제법 가파른 오르막길이 열리고 크고 작은 돌들이 발에 밟히기도 한다. 그러나 굳이 랜턴이 없어도 꽃길이 환히 비춰 주는 데다 산길이 넓고, 어스름 달빛마저 있어 걷기에 별로 어려움은 없을 정도다.

저벅저벅 사람들의 발길이 잦아진다 했더니 산천을 환히 비춰주는 불빛이 보인다. 백양산 임도를 따라 성지곡수원지까지 넘어온 길, 두 시간의 밤 산행이 끝나는 지점이다. 그제야 우리는 공원 벤치에 앉아 다리를 쭉 뻗는다. 소중한 이웃들의 존재감과 가는 봄날의 탄식을 버무리는 순간이다.

말간 수원지 물너울에는 아직 덜 핀 백목련이 어둠 속에서 유두처럼 흰 꽃망울을 늘어뜨리고, 수목들은 깊은 잠에 빠졌다. 하나의 봄을 작별하기 위해 밤 벚꽃놀이 풍류를 즐긴 날, 살면서 가끔씩은 사는 맛과 사는 멋도 생각해봐야 할 일이다. 달빛 위에 걸린 저 하얀 벚꽃을 비록 지상에서 몇 번이나 더 볼지는 모를지라도.

은유

딸아이는 지금 혼곤한 잠에 빠졌을까. 사흘 낮 사흘 밤을 달리고 또 달리고 지치고 또 지쳐서 마침내 결승점에 도달했다. 마지막 한 방울 기력마저 소진한 목숨을 건 사투였다. 우주 하나를 이 세상에 옮겨놓는 일, 그보다 더 위대한 일은 다시없는 일이다.

여자만이 겪을 수 있는 출산의 고통은 생명의 환희요 지옥의 불가마다. "여자는 약하지만 어머니는 강하다."는 말은 본능적인 모성애보다는 산고의 고통에서 시작되는 말이다.

태반 속에 있던 생명체를 바깥세상으로 인도하는 그 혹독한 고통은 뼈와 살이 무너지는 산고가 있어야 가능한 일이기 때문이다. 더욱이 태아의 건강을 위해 '자연주의 출산법'을 택한 딸의 산통은 유달리 길고도 고통스러운 것만 같았다.

분만실 바깥에서 애끓는 딸의 신음소리에 마음을 조이던 남편은 더는 못 보겠는지 집으로 가자고 했다. 옛날 자신의 누님이 해산하다 목숨을 잃은 일이 떠올랐는지 자꾸만 손목을 잡아 끄는 통에 어두운 밤, 할 수 없이 자꾸만 뒤를 돌아보며 발길을 집으로 돌렸다.

분초를 다투는 안타까운 기다림. 드디어 애타게 기다리던 해산 소식이 왔다. 한밤중 병원으로 숨가쁘게 달려가는 걸음이 허둥지둥 허방을 짚는 듯했다. 온몸이 땀에 흠뻑 젖은 딸을 보는 순간 울컥 솟아오르는 표현 못할 연민의 정. 얼마나 기력을 쏟았으면 얼굴 실핏줄마저 모두 터져 온 얼굴이 붉은 색연필로 얼기설기 선을 그어놓은 듯했다.

그 안쓰러운 모습을 보자 절체절명의 순간에 피땀 흘리며 기도하던 예수의 모습이 떠올랐다. 죽을 만큼 고통스러우면 피땀이 흐른다는 것을 실감한 순간이었다. 고통 끝에 인생에 가장 빛나는 보석을 피워 올린 우리 딸, 드디어 장한 일을 해냈구나.

진달래가 피는 사월에 그렇게 외손녀 은유가 세상에 태어났다. 진정 어떤 꽃보다 더 아름다운 꽃은 사람 꽃이 아닌지. 지금쯤 딸아이는 혼곤한 잠에 빠졌을까.

새싹의 소리

마음은 어디로부터 오는 것일까.

또한 생각의 씨앗들은 어디서 싹트는 것일까.

흙의 토양과 태양의 기운을 받아 그것들은 자라나는 것인가.

아마도 나날의 틈새에서 자라는 시간의 날 수만큼 태동하고 성장하는 것이 사람의 마음일 것이다. 태초에 백지 상태로 태어난 인간이 마음이 싹트고 말이 열리게 되는 과정을 지켜보면서 하루하루 신비를 체험하게 된다.

사무치게 보고 싶은, 예쁜 외손녀 은유는 요즘 한창 말문이 트였다. 눈으로만 바라보던 사물들이 입에서 말로 표현하게 되니 보이는 모든 것에도 소리와 의미가 따른다. 고 자그만 아가의 여린 마음자리에도 분별력과 인지능력이 생기고 있는 것이다. 마음 씨앗에서 발아된 생각의 싹은 말이라는 소리를 통해 의사 소통을 가능하게 한다.

며칠 전 손녀가 좋아하는 몇 가지 반찬을 해서 딸네 집에 갔다. "은유야, 동치미 가져왔다. 밥 먹어야지?" 했더니 대뜸 "장아찌도 가져왔어?" 라는 대답이 돌아왔다. 잘 먹는 새콤달콤 양파 장아찌를 은근히 기다리고 있었던 것이다. 아가라고 해서 어찌 마음이 없다 할 것인가. 어른들이 하는 얘기를 듣고 마음에 저장했다가 제때에 말로 표현할 줄 알게 된 것이다.

말을 배우기 시작하는 서너 살부터 다섯 살까지의 아가들은 모두가 천재라는 말은 맞는 말이다. 처음 말을 배우기 시작하고부터는 수만 가지 단어들이 머리에 입력되고 제때 적절한 언어를 구사하는 데도 놀라울 정도로 나날이 발전하기 때문이다. 매스컴의 발달로 듣고 보이는 모든 것들이 학습이요 공부다 보니 아이의 행동과 말씨는 하루가 다르게 어른들을 놀라게 한다.

발음도 제대로 되지 않는 여린 아가 입에서 나오는 말들은 긴장해서 들어야 알아들을 수가 있다. 할머니와 한참 동안 영상통화를 하다가 느닷없이 "할아버지는 어디 갔어?" 한다. 제 생각에 외가에서 언제나 함께 보이던 할아버지가 비치지 않음이 의아했던 모양이다. 가족을 챙길 줄 아는 인지능력이 벌써부터 싹트고 있는 것이다.

은유가 오는 날에는 새벽부터 부산을 떨며 뭘 해먹일까에 설렌다. 부드러운 쇠고기를 믹서에 갈아 참기름 양념을 하고 야채도 잘게 다지고 있는데 전화벨이 울린다. 아가 목소리에 퍼뜩 전화기를 받아 든다. '할머니가 은유 좋아하는 떡

갈비 하고 있는데 감자 당근도 넣었으니 많이 먹어야 해?' 라고 말했더니 "당근은 어린이집에서 많이 먹었어." 한다. 딱딱한 당근은 넣지 말라는 얘기다. 의사 전달과 소통을 할 수 있는 대화가 될 뿐 아니라 식성과 기호식품이 생긴 것이다.

한 달 전에만 해도 손잡고 놀이터를 겨우 드나들던 녀석이 말을 배우기 시작하자 하루가 다르게 새로운 단어를 구사한다. 소리가 사라진 곳에서 비로소 보이기 시작하는 것이 언어라고 했다. 아기 때는 말을 익히지 못했을 따름이지 듣고 보이는 온갖 사물을 마음에 담았던 것이다. 이제 조금씩 지각과 판단능력이 자라나면서 거침없이 자신의 생각을 말로써 표현하는 그 성장 발달 과정이 그저 신기할 따름이다.

사랑이나 질투의 감정은 인간에게 주어진 본능인 것 같다. 할머니가 열 달이 된 제 동생을 안고 쓰다듬고 볼을 부비면 어느새 득달같이 달려와 새침하게 제압을 한다. "말로만 해!" 하고. 첫애라고 혼자 독차지해오던 사랑을 동생에게 뺏기고 보니 속에서 불이 오른 걸까. 예쁘다고 말로만 표현해야지 왜 뽀뽀까지 하느냐는 거다.

딸이라선지 예쁘게 보이고 싶은 마음은 어리다고 해서 별반 다를 게 없다. 아침엔 머리 빗길 때부터 한바탕 소란이 일어난다. 제 마음에 드는 예쁜 옷을 입혀야지 그렇지 않을 땐 황소고집으로 버틴다. 어미가 아무리 어르고 달래도 옷에 대한 기호는 분명하고 확실하다.

분홍빛 레이스가 달린 공주 옷을 입은 날은 어린이집 차에 오르는 발걸음이 더욱 당당해진다. 또래 친구들의 '예쁘다'는 부러움의 말에 한껏 기분이 좋아져 배시시 웃으며 애교를 부린다. 벌써부터 패션에 대한 감각과 칭찬의 가치가 머릿속에서 자라고 있는 것이다.

말을 하기 시작하자 왕성한 지적 호기심은 잠시도 입을 다물지 못한다. "이게 뭐에요?" "함머니, 머해요?" 등은 종일

입에 달고 사니 대답해주는 일도 보통은 아니다. 미처 아기 발음을 못 알아들으면 버럭 화를 내기도 하니 비위를 맞추느라 제 어미에게 매번 통역을 구하기도 한다. 생후 이십오 개월 된 아가의 눈에 비치는 세상은 온통 신기함과 낯섦이니 쏟아지는 질문의 반복을 통해 학습과 인지발달을 키우고 있는 것이다.

수줍음에 대한 마음이 싹트기 시작한 은유는 이제 낯선 사람을 봐도 인사하기를 주저하고 할미 치마꼬리에 숨어들기 바쁘다. 엘리베이터 안에서도 만나는 사람마다 "배꼽인사 해야지." 하면 꼬박꼬박 시키는 대로 꾸벅댔는데 이제는 컸다고 가족과 이웃을 구별하고 부끄러움을 가리게 된 것이다.

지난 주말에는 외가에서 이틀을 지냈다. 엄마 아빠가 집에 가려고 짐을 챙기기 시작하자 울면서 떼를 쓰기 시작한다. "할머니 집에서 잘 거야~." 하고는 도무지 갈 생각을 않는다. 하기야 아가가 한없이 예쁘기만 한 '손녀 바보'가 일등 시녀 노릇을 하니 가기도 싫을 터이다. 우는 애를 겨우겨우 달래 억지로 신발을 신겼다.

아빠 손에 잡혀 나가며 현관에서 돌아보고 또 보면서 울먹이며 하는 말이 "함머니 마니마니 사랑해요." 한다. 누가 시키지도 않았는데~.

가슴에 남은 그 말이 지금도 마음에 짠하게 울린다.

은유야, 할머니도 많이많이 사랑해.

생애 최고로 사랑과 이별의 슬픔을 맛본 날.

우리 은유 두 돌을 지났으니 이제 겨우 세 살이다.

꽃별

바닥에 떨군 수건을 집으려고 등을 약간 굽혔다. 그때 일곱 살 난 외손주가 얼른 주워주면서 말한다. '할머니, 이제 방바닥에 떨어진 것은 은유가 주울 테니 그냥 두세요.'라고. 허리 수술 후 병원에서 허리를 절대 숙이지 말라더란 말을 귀담아들어 두었던 모양이다. 생각이 어른보다 기특하다.

'아이는 어른의 아버지'라고 했는데 자라는 아가들의 생각은 어떻게 성장하고 여물어지는지 깜짝깜짝 놀랄 때가 한두 번이 아니다. 갓난쟁이 기저귀 시절이 어제인데 언제 벌써 어른이 놀랄 정도로 생각이 자라난 것일까. 보고 듣는 것이 모두 스승이요 반면교사이니 스치는 순간에도 언행을 조심해야 함을 절감하게 된다.

반짝반짝 빛나는 아가들이 자라나는 그만큼 어른들의 기억력은 퇴화하고 노화를 향해 가고 있다. 나이테를 점점 더하는 할미는 한 편의 글을 쓰기 위해서도 그 문장에 적확한 '일물 일어'의 단어가 생각나지 않아 전전긍긍할 때가 얼마나 많은가. 창의력이나 기억 감지능력이 둔화하고 있음을 스스로가 자각하게 된다.

언제부터인가 귀가 잘 들리지 않았다. 드라마 대사가 선명하게 전달되지 않고 티브이 볼륨을 조금씩 올리는 일이 잦아졌다. 처음엔 출연 배우의 발음이 정확하지 않은 줄 알았고 티브이가 오래돼서 소리가 시원치 않은 걸로 여겼다. 그렇게 선명하던 현관문 디지털도어의 번호판 누르는 소리가 영 아득하게 느껴짐을 알고는 그제야 청력에 이상이 있음을 실감하게 되고 급기야 딸의 손에 이끌려 보청기 집에도 가본 적이 있으니~.

둔해진 게 청력뿐일까. 시력 또한 예전 같지 않았다. 코로나 시대에 오랜 시간 집콕을 하다 보니 주로 책을 보거나 티브이 시청시간이 많아지고 눈을 혹사하다 보니 시력에도 무리가 오게 됐다.

1.2였던 원래 시력은 옛말이고 티브이 화면이 흐릿하게 보이고 자막이 겹쳐 보이기 시작했다. 밤에 늦게까지 화면에 집중하다 보면 시린 눈에서는 물이 고이고 급기야는 눈을 감아야 편했다. 따뜻한 수건으로 눈에 온찜질을 하면 조금은 편안했다. 요즘은 빈번한 병원 나들이에 안과까지 더 보태고 싶지 않아 진료를 망설이고 있는 중이다.

사람들은 말한다. 노화는 늙어감이 아니라 익어가는 것이라고. 그러나 그보다 더 달콤한 위로성 멘트들은 얼마나 더 많은가. 물론 세월과 노화 현상은 막을 수 없지만 신체적인 갖가지 변화들이 모두 처음 겪는 일들이라 받아들이기가 너무 낯선 것이다.

나날이 새벽 산행을 나서던 젊은 시절에는 희붐한 새벽 시간에 약수터에 노인네들이 왜 그리 많은지 알지 못했다. 그들은 겨울 새벽에도 네 시만 되면 이마에 랜턴을 쓰고 캄캄한 새벽 산길에 오른다고 했다. 최근에 불면증에 시달리면서 새벽잠을 들지 못해 약을 가까이하는 날이 많아지면서 그분들을 이해하게 됐다.

이렇듯 사람은 겪어보지 않고서는 남의 사정을 알 수 없다. 미래에 닥칠 어떠한 고난도 경험을 통하지 않고서는 내 것이 아니기 때문이다. 그러나 나는 나 자신에게 나의 생명을 멋지고 값지게 살아줄 의무가 있다. 시련 앞에서도 의연히 대처하면서.

젊은 시절부터 잘 숙성된 신김치를 좋아하는 내가 어제는 식탁 위의 김장김치를 집으며 한 시인의 시구를 떠올리고 있었다.

내게도 시퍼렇게 잎이며 줄기
참대같이 푸르던 날들이 있었더니라
그 빳빳하던 사지를 소금에 절이고 절여
인고와 시련의 고춧가루 버무리고
사랑과 눈물의 파 마늘 양념으로
뼈까지 녹여 일생을 마쳤다. – 중략 –

– 홍윤숙「묵은김치 사설」

이제 노을에 선 지금 잠들어도 깨어나도 재미없는 세상 너무도 잘 알기에 오로지 노년의 낙이란 자라나는 손주들을 보고 즐기는 위안이 있을 뿐이다. 지난 어느 날 딸네 가족과 외식을 하는 자리에서 손주 녀석이 다짐을 한다.

"할머니, 우리 집에 오세요." 두 번을 반복해서 나직이 말하는 그 목소리가 아직도 귀에 남아있다. 매번 외갓집을 다녀갈 때마다 혼자 두고 떠나는 할미가 안쓰러워 보였나 보았다.

물론 아이는 어른의 아버지라지만 어른을 울리는 것 또한 아이들이다. 하루는 베란다에 만개한 꽃들을 보며 고사리 같은 손녀 손을 잡고 꽃 이름을 설명하고 있을 때였다. 안방 창문 앞에서 현란하게 꽃등을 밝히고 있는 분홍빛 설화 앞에서 갑자기 손녀가 할머니 손을 잠시 놓고는 두 손을 모으고 눈을 감았다.

아이의 태도가 하도 진지해 내가 물었다. "은유야, 뭐라고 기도했니?" "할머니 건강하고 행복하게 해달라고 예쁜 꽃들에게 빌었어요."라는 게 아닌가.

그 순간 설핏 눈에서 물기가 돌면서 설화가 내 가슴에 말을 걸어오고 있었다.

'어린 감성이지만 키워준 공을 잊지 않고 있네요.' 하고.

해님도 달님도 아닌 꽃을 보고 비손하는 아름다운 동심. 그 어여쁜 마음은 어떻게 일어난 것일까. 티 없이 맑고 가녀린 동심이 주는 감동이 이처럼 평범한 일상 안에서 빛나고 있었다.

내 안에 존재하는 사랑의 이름 '꽃별'. 사랑스런 외손녀 은유의 또 다른 이름이다.

2부

혼불 다시 읽다

'강실아… 어찌하여 그 이름은 이다지도 서럽고 눈물겨운가. 가슴의 살 속 그늘진 곳에 가느다란 금실처럼 애잔하게 반짝이는. 보일 듯 말 듯한 그 간절함을 어찌 차마 말로 할 수 있으리.'

『혼불』 다시 읽다

긴 여름 장마가 끝났다. 폭염이 지열을 달구는 염천 더위인데도 책장에 꽂힌 가지런한 전집 하나가 자꾸만 눈길을 당겼다. 적막과 허무 사이를 오가던 내 영혼에 불을 지핀 작품이 있었다.

눈이 내리던 어느 성탄 미사 때였다. 자정미사를 마친 한밤의 어둠 속에서 두꺼운 코트를 입은 대녀代女가 불쑥 종이가방 하나를 내밀었다.

크리스마스 선물은 전 10권으로 된 최명희의 『혼불』이었다. 당시 큰 화제를 일으켰던 이 작품을 꼭 읽어보라고 한 내 말을 귀에 담아 두었던 모양이었다.

1996년도에 발간됐으니 벌써 이십오 년 전 일이다. 열 권의 소설집을 책에 파묻혀 읽은 지 엊그제인데 세월의 빠름을 실감하지 않을 수가 없다. 많은 변화와 인생의 부침(浮沈)을 겪어온 그 시간들은 삶의 희로애락을 알게 해준 맵고도 매운 인고의 세월이었다.

그렇게 내게 온 혼불은 오래도록 잊힌 채 책장에서 잠자고 있다가 다시금 내 영혼을 이끌어준 것이다. 사십 대 후반에 읽은 책을 칠십 대에 읽으니 날카로운 감흥 대신에 너그러운 정서 감으로 주인공들을 만나게 된다.

"그다지 쾌청한 날씨는 아니었다."로 열리는 소설 첫머리는 소재와 내용의 불운을 어느 정도 암시하고 있다. 남원의 매안마을, 열다섯 도련님 강모와 신부 효원의 초례청을 치르는 것으로 이야기는 시작된다. 지체 높은 집안끼리의 혼약으로 이뤄진 혼인이었으나 신랑의 마음은 이미 다른 데 있었다.

첫날밤 신부 옷고름도 벗기지 않은 채 잠이 든 강모는 꿈속에서 사촌누이 강실을 만난다. 오류골 살구나무에 기대서 있던 강실이를 연모하는 애타는 그 속마음을 누구도 몰랐던 것이다. 혼인한 효원은 안중에도 없고 그의 마음은 아프게도 강실에게로만 향한다. 그 마음은 흐르는 강물처럼 누구도 막을 수가 없었다.

"강실아…

어찌하여 그 이름은 이다지도 서럽고 눈물겨운가.

가슴의 살 속 그늘진 곳에 가느다란 금실처럼 애잔하게 반짝이는.

보일 듯 말 듯한 그 간절함을 어찌 차마 말로 할 수 있으리."

남원이란 작은 고을에서 맺어진 이들의 연정은 시대의 인습에 싸여 둘에게 한없는 가슴애피를 몰고 왔다. 온 집안을 누르고 있던 추상같은 할머니 청암부인의 울안에서, 더욱이 아버지끼리 같은 형제였으니 친사촌 간인 이들의 사랑은 누가 봐도 이루어질 수 없는 사련이었다.

휘영청 달이 밝은 그날은 친척끼리 상피相避를 붙어 열아홉 나이에 스스로 자결한 이웃 친척의 망혼제가 있던 날이었다.

괭 괘애앵~. 징소리도 요란한 어둠 속에서 둘은 드디어 무너지고 만다. 그렇게 한 몸이 된 것이다.

최명희 소설의 가장 큰 장점은 조탁한 언어와 피로 찍어 쓴 듯한 반듯한 문장이다. 『혼불』은 단순한 이야기 책이라기보다는 개화기와 강점기의 우리 민족의 수난사이며 극복의 역사 기록이기도 하다. 열 권의 수천만 자에 달하는 이 대작을 그는 토씨 하나 흐트러지지 않게 영롱한 장편의 서사시로 완성해 낸 것이다.

혼인 생활에 적응하지 못한 강모는 동경으로 음악공부를 떠난다. 집에 와서 바이올린을 아버지 이기채에게 보이는 순간 바이올린은 노기 찬 아버지에 의해 두 동강이로 내동댕이쳐지고 만다.

한편 강모는 애모하는 강실이를 아프게 바라본다.

"내 어쩌다 이승의 길목에서 너를 만났던고.

어찌하여 너를 바라보지만 하지 않았던고.

강실아… 차라리 네가 죽어라.

네가 죽어서 나를 놓아다오."

하늘 아래 아무도 모르는 비밀이란 없는 법. 이윽고 드러나게 될 상피의 죄가 덕석말이 몰매로만 끝나지 않고 파문에 이르리라는 것을 그는 잘 알고 있었다.

미처 피어보지도 못한 채 시들고 만 무지개같이 둥글고 이쁜 강실이.

오래도록 그를 탐한 일꾼 춘복은 "작은아씨, 저 자식 하나

낳아주시오.” 라며 끊임없이 강실이를 쫓는다. 거의 혼절 상태에서 기진한 강실은 춘복에게 몸을 맡기고 그의 아이를 뱃속에 품게 된다.

강실은 청호저수지 푸르고 음산한 방죽가 어둠 속에서 소복한 채 처연히 누군가에게 마지막으로 큰절을 올린다. 이승에서의 마지막 인사를.

그러나 목숨마저 마음대로 어쩌지 못하는 강실은 머리를 풀고 신발을 벗는 순간 그를 따르던 교전비의 등에 업혀 도로 호숫가를 벗어나고 만다.

이후 강실은 황아장수 손에 이끌려 효원의 친정 마을 근처 암자로 피병을 간다. 그 이후의 행적은 소설에서 아쉽게도 확연히 드러나지 않는다. 후반부의 스토리는 만주 봉천으로 법학 공부를 떠난 강모의 행적이 잠시 나올 뿐 백제와 신라, 여진족의 역사가 옷고름처럼 지루하게 풀리고 발해의 역사까지 길게 이어지고 '봉천의 봄'으로 소설은 끝이 나고 만다.

이 소설은 결국 완성하지 못한 채 끝을 맺는다. 작가 최명희는 17년 간 오로지 이 작품 하나에 투혼하며 집필하다 자신이 아픈 줄도 모르고는 일찍 작고하고 만다. 그는 사촌 간의 아픈 사랑을 통해 시대적인 가혹한 인습의 제약을 비판하려 했던 것일까. 마지막 10권을 다소 허전한 마음으로 덮으며 문득 나태주의 시를 떠올린다.

가지 말라는 데 가고 싶은 길이 있다.
만나지 말자면서 만나고 싶은 사람이 있다.
하지 말라고 하면 더욱 해보고 싶은 일이 있다.
그것이 인생이고
그리움, 바로 너다.

— 나태주, 「그리움」

까만 물잠자리

여보시게, 말 좀 해보시게나. 자네는 내게 분명 의령으로 치유차 간다던 한마디 말을 남기지 않았는가. 일주일쯤 있다 돌아오겠다고. 대상포진이 완치돼서 돌아오겠다던 그 짧은 한마디 말이 내게 남긴 마지막 소통이었다니. 우리의 삼십 년 우정을 그렇게 허무하게 끝낼 수는 없지 않잖은가.

자네가 말을 닫고 말았으니 어떻게 응급실을 갔는가, 중환자실을 갔는가. 그러고는 이제 정녕 콧줄을 하고는 무정하게도 그렇게 요양병원 유리창에 갇혀 있는가. 이승의 까마

득한 기억만 간직한 채 까만 물잠자리 한 마리 되어 꿈에서만 물가를 날고 있는가.

어린 시절 고향 개울가 빨래터에는 푸른 수초 사이로 좁다란 물길을 따라 사철 맑은 냇물이 청청하게 흐르고 있었다네. 다리 건너 물 건너 빨래 동이를 이고 가는 언니 따라 종종걸음으로 아장아장 따라가던 단발머리 소녀. 여름이면 그 맑은 시냇가에서 파닥파닥 날개를 접으며 날아다니던 까만 물잠자리를 나는 아직도 잊지 못한다네. 나타났다간 사라지고 사라졌다간 또 이내 나타나 고운 양 날개 접으며 날렵하게 날고 있던 그 신비한 물잠자리. 자네는 내 인생에 잠시 나타났다 사라져간 까만 물잠자리인가.

의식 저 너머에서 자네는 나날이 무슨 생각을 하고 있는가. 오랜 세월 짝꿍이었던 나와 함께 거닐었던 무수한 여행지를 걷고 있는가. 악다구니 써가며 살아냈던 영감과의 한생을 뒤척이고 있는가. 사지가 불편한 몸이 된 채 수개월 병원 침대 붙박이가 되고 있으니 차라리 의식이라도 없다면 그 영혼이 자유로울까.

어제는 티비에서 숭덩숭덩 썬 오징어회가 먹음직스럽게 화면을 채우고 있었다네. 나는 또 그 순간 지울 수 없는 한 개 회한의 장면을 떠올리고 있었어. 언젠가 통영 중앙시장에 갔을 때 자네는 생오징어회를 먹자고 했었지. 날것을 별로 좋아하지 않는 나는 그걸 먹어낼 자신이 없어 스치는 말로 지나치고 말았네. 그 후에 다시 통영에 갔을 때도 자네는 그 말을 했고 나는 또 예사로이 다음에 먹자고 했었지.

자네를 못 보는 지금 세상에서 그때 그렇게도 원하던 물오징어회를 함께 먹지 못한 게 이렇게 후회가 될 줄은 몰랐네. 여보게 친구. 참으로 미안하네. 내 이기심을 용서하게나. 자네는 그때 그 오징어회가 얼마나 먹고 싶었을까. 인생은 허락할 때 행해야 한다는 걸 왜 몰랐을까.

회한의 장면이야 어찌 그 먹거리의 기억만이 있을까. 장거리 운전 봉사의 달인이었던 자네와는 수십 년간 참 많이도 여행을 다녔고 그 시간의 갈피마다 누적된 추억 사진들이 지울 수 없는 장면 되어 갈잎처럼 쌓여만 가는데 –.

어느 해 가을날 그대 기억하는가. 남해 거제 통영 고성. 남해안 일대를 하루 종일 돌아 피곤도 잊은 채 핸들을 잡았던 것은 오직 P 수녀님의 기쁨을 위한 봉사가 아니었던가. 밤새는 줄 모르고 달빛 아래 허브향이 가득한 로즈메리 옆에서 흔들리는 그네에 앉아 우리는 한 수도자의 신앙고백을 듣느라 밤이슬에 옷이 젖는 줄도 몰랐지 않았던가. 지나고 보면 참 아름다운 삶의 순간이었지만 스쳐 지나간 시간들은 바람처럼 다시 찾아오지 않는다네.

체코의 골목길을 걷고 있을 때 유서 깊은 프라하의 돌길에 새겨지던 뾰족구두의 흔적은 우리를 기억하고 있을까. 차림새와 입성에 관한 한 언제나 정장을 고수했던 자네는 천생 여자였다네. 여행 차림새는 보통 바지에 운동화 편한 차림이었으나 자네만은 동유럽 여행 시에도 주름치마에 구두를 신고 있었네. 그게 더 편하다면서. 잠시도 정장을 고수하지 못하는 내겐 그건 어쩌면 경이였다고 할까. 그 멋과 넘치는 끼를 이제 다 어디에 두었는가.

운전 매너는 자네를 따를 사람이 없었네. 이제야 말이네만 내가 운전을 하지 않았을 때 수년 간 전속기사처럼 꼭꼭 내 집 앞마당까지 태워다 주곤 하던 그 고마움을 어찌 잊을 수 있을까. 아마도 내가 갚지 못한 빚 가운데 가장 큰 사랑이 아니었을까. 누구에게라도 일단 동승한 친구는 꼬박꼬박 집까지 데려다주곤 하던 그 배려심은 아무나 흉내 낼 수 없는 것이었네.

한번은 멀리서 오시는 강사 신부님을 모시기 위해 그 먼 공항에까지 장거리 운전을 한 적이 있었지. 그러나 시간이 어긋났는지 서로 엇갈려 우리는 만나지 못하고 그만 헛걸음이 되고 말았지. 왕복 두 시간을 운전하면서 둘이는 말이 없었지만 내 실수에도 자네는 일체의 내색이 없었으니 돌이키면 그 또한 미안한 기억으로 남아 있다네.

몇십 년간 우리가 함께했던 수많은 여정의 그림자들. 스쳐간 도로 위의 흔적은 사라져도 추억만은 고스란히 그대로 남아 더욱 진한 그리움의 이름이 되었다네.

사랑했던 친구여. 그 모든 아름다운 기억들은 가슴에 아롱져 세월 간다고 잊힐 수 있을까 이제는 기도 속에서만 함께하는 그리운 사람아. 남은 생이나마 부디 평안하시게.

상실

어릴 때의 꿈은 누구에게나 소중하다. 그것이 다시 돌아오지 않기 때문이란 건 훨씬 나중에야 알았다. 유년기의 추억 속에 엄마는 언제까지나 젊고 힘이 있고 강단 있는 여인이었다. 여자 혼자 힘으로 칠 남매를 건사했기에 동네에선 엄마를 여걸이라 불렀다.

한번은 집에 도둑이 들었다. 아마도 그 밤손님은 초보였는지 주섬주섬 들고 가던 옷가지를 중간에 흘려놓기도 했다. 엄마는 그때 자다 일어나서는 고래고래 고함을 질렀다. “이

놈~, 한 번만 더 오기만 해봐라. 내가 머리맡에 시퍼런 칼을 두고 잔다." 하시던 그 노기에 찬 고성은 어린 가슴에 자다가 듣기에도 섬뜩했던 느낌이었고 지금도 가슴에 쟁쟁하게 남아있다.

초여름 장날이면 엄마의 다우다 겹치마 치마폭에선 노랗게 삶은 옥수수가 주르르 쏟아져 나오곤 했다. 어린 남매들은 우르르 달려들어 하모니카를 불기 시작했다. 더러는 그것이 사과나 토마토 등 철 이른 햇과일이기도 했으나 그때는 그것이 자식들을 먹이고 키우기 위한 엄마의 눈물 바라기인 줄은 모르고서 자랐다.

후일에 내가 엄마 나이가 되고 그분이 가시고 난 후 꿈에서 나타난 엄마는 여전히 부엌에 계셨다. 자식 입에 밥 들어가는 게 최고의 행복이라서일까. 머리에 수건을 곱게 쓰시고는 허리를 굽혀 주걱으로 흰 밥을 푸고 계셨다. 사라진 시간은 이제 모두가 꿈으로만 남게 되었다.

또 한 분의 어머니는 성당에서 대모代母로서 만날 수 있었다. 음성이 차분하고 몸가짐이 조신했던 그분은 나를 지켜 주는 영신의 어머니였다.

말보다는 실천이 앞선 분이었으니 항상 타인을 배려하고 작은 선물도 조용히 전하곤 했다. 손재주가 뛰어나서 사순절에는 정성이 깃든 십자가 양초공예를 만들어 주변 지인들께 나누기도 했는데 작품을 만들 때는 예수님의 참혹한 십자가 고통을 묵상하면서 눈물을 흘리며 만들었다고도 했다.

계절이 바뀔 때마다 손지갑을 하나씩 선물하기도 한 것은 받는 것보다 주는 것에서 더 행복을 느끼는 참 신앙인의 길을 걸었다. 이런 소리 없는 선행은 자신도 모르게 받는 데만 익숙해져 있는 대다수의 사람들에게 무언의 깨달음을 가져다 주기도 했다.

작년 겨울 홀연히 떠나간 이 대모님께는 갚지 못한 빚이 있으니 마음의 아픈 옹이는 영원히 마음속에만 지니게 됐다. 이 년 전 허리 수술 집도가 끝나고 입원실로 돌아왔을 때 마취에서 깨어난 내 흐릿한 시야에 한 여인이 들어왔다. 처음에는 그것이 누구인지 몰랐다.

놀랍게도 거기 대모님이 앉아 있었다. 아, 수술 날짜는 어떻게 알고 오셨을까. 그때는 남편도 병중이라 입원 중이었고 가족이라곤 올 사람이 아무도 없었다. 타는 듯한 입술에 적신 거즈로 목을 축여주며 안타까운 시선으로 바라보고 있던 그 사랑을 잊을 수가 없다. 그렇게 자상하게 대녀의 병상을 지키던 그가 불과 넉 달 후 하느님의 품으로 돌아가고 말았으니 실로 예상치 못한 일이었다.

그를 마지막 보내는 문상의 자리에서 나는 영정사진을 바라보며 절박한 심경으로 애타게 부르짖고 있었다. '나 힘들고 외로울 때 아무도 모르게 병상을 지켜주던 그 사랑 기억하며 꼭 보답하고 살게요, 하고 다짐했는데 그 마음 받아줄 시간도 없이 왜 이렇게 빨리 가셨어요.' 하고.

이제 그는 나의 새벽기도 속에서만 오래 남게 됐다. 사람은 모른다. 아무도 모른다. 언제 누가 어떻게 하늘의 불림을 받을지는.

그 몇 달 후에 영원히 병실에 갇히고 만 절친의 와병 또한 전혀 예상치 못한 일이었다. 그가 대상포진으로 좀 오래 병원을 드나들 때도 그저 나으려니 생각했었다. 그러나 오산이었다. 어느 날 응급실로 실려 가더니 중환자실과 입원실을 오가며 지인들의 마음을 애타게 했다. 결국엔 요양병원으로 옮겨가 사지를 움직이지 못하고 유폐된 몸이 되고 말았다.

의식만 또렷한 채로 나머지 삶의 시간을 채우고 있으니 수십 년 그와의 아름다웠던 추억들은 이제 기억 속에만 남게 됐다. 남달리 멋을 부리고 언제나 깔끔하고 단정한 차림새에 운전의 달인이었던 그가 그리도 갑자기 활동의 종지부를 찍을 줄 어찌 알았으랴.

그러나 무엇보다 큰 상실의 의미는 인생의 절반, 아니 전부가 사라져간 남편과의 이별이었다. 미처 준비하지 못한 그 빈자리의 허무는 세상 어떤 언어로도 표현할 길이 없다. 가고 난 후에야 비로소 그가 내 존재의 향기였음을 깨닫게 되었을 뿐이다.

나는 아직도 사별의 아픔에 대해 세세하게 쓸 자신이 없다. 이제 떠난 지 일 년 남짓, 그저 허공에 발을 디딘 채로 홀로살이의 서툰 발걸음을 한발 한발 걸어가고 있다. 남편이 정교한 필치로 남긴 성서 필사의 노트도 차마 펼치기 두려워 문갑 안에서 잠자고 있으니 언제쯤이면 담담한 마음으로 그의 흔적을 정리할 수 있을지. 사십사 년 이 땅에서 부부로서 함께한 기억들은 모두 꿈이었을까.

인생에서 사라져간, 혹은 잃어버린 모든 것이 작년 한 해 동안에 일어난 일들이었다. 2020년은 내겐 너무도 잔인한 해였다. 대모님과의 작별, 남편과의 이별, 친한 친구와의 어이없는 단절이 모두 예상치 못한 사이에 내 앞에 놓인 허무요, 상실이었다.

소중한 이승에서의 추억들은 언젠가는 모두 꿈처럼 사라지고 만다. 결국엔 내 존재의 의미마저도. 인생이란 막막한 바다의 부표 같은 것. 풍랑을 만나면 깜빡이다 결국은 사라지고 마는 것.

하루는 길고 한 달은 너무 빨리 지나가는 이 사막 같은 시간. 잃어버린 것은 물리적인 것만은 아니었다. 시간과 공간, 그 안의 기쁨들도 모두 함께 없어졌으니 이제는 스스로를 곧추세워 일으키는 일만 남아있다. 모든 사라져가는 것들의 의미를 좇으며 그나마 남은 감사와 기쁨으로 마음의 속뜰을 가득 채워야 할 때다.

소멸

레지나가 죽었다. 성당 형님에게서 전화를 받은 건 어제 오후였다. 레지나는 나의 세례명이라서 놀라서 내게 전화를 해본 것이라 했다. 나는 웃으며 응대하고는 즉각 그녀를 떠올렸다. 우리 성당에는 레지나란 세례명을 가진 이가 두 명 있다. 나와 그녀. 그런데 그녀가 떠났구나.

항상 눈가에 잔잔한 미소가 떠나지 않던 여인이었다. 남다른 친분은 없었지만 같은 세례명이어선지 스칠 때마다 각별한 친밀감을 표시했다. 아프다는 소식을 들은 지 오래인데 결국 선종 소식과 함께 성당 게시판에는 근조 등과 그의 부음을 알리는 공지가 붙었다. 오랜 세월 함께하다가도 한동안 보이지 않으면 이런 허무한 작별의 소식과 마주하게 된다.

떠나간다는 것. 누구나 피할 수 없는 길이지만 갑작스러운 이별 소식 앞에서는 언제나 막막한 공허와 함께 산다는 것에 대한 회의를 느끼곤 한다. 삶이란 결국 사라진다는 것의 다른 이름이다. 단지 종착역이 어디인지를 모르고 지낼 뿐 모두가 때를 기다린다. 저녁해가 지듯 밥물이 지듯 그렇게 존재를 지우고 간 사람들.

사라져 간 모든 것들을 떠올린다. 근년에는 유달리 많은 이별을 경험해야 했다. 잔인하리만치 연달아서 내게서 소중한 이들이 떠나갔다. 살아가면서 수많은 인간관계를 맺게 되지만 가장 친한 친구와의 이별은 오랜 가슴앓이를 동반해야 했다. 그렇게 쉽게 떠날 줄을 몰랐기에 더욱 그랬다. 그와의 수십 년 우정이 덧없는 꿈길 같기만 했다.

그래선지 한번은 꿈결에 그가 찾아왔다. 생시처럼 말쑥한 차림이었다. '아니 어떻게 왔어?' 묻는 내게 '그냥 갑갑해서 왔어.' 하고는 여전히 발랄한 모습이다. 꿈과 현실이 헷갈릴 만큼 너무도 생경한 만남이었다. 그는 육신의 무게이면서도 허공인 양 무게를 느낄 수 없었다. 함께했던 수많은 여행 길을 떠올리며 무척 반가웠지만 손잡고 다녀보진 못한 채 잠에서 깨어나고 말았다. 그 먼 길에서 보내준 이는 누구였고 그는 어떻게 달려왔을까. 명부에 있는 그도 아마 이 친구가 보고 싶었던 걸까.

코로나 시대라 문병도 제대로 한번 하지 못하고 떠나고 말았으니 한마디 작별의 말도 나누지 못했음이 더 큰 안타까움이었다. 꿈에서도 죽었는데 어떻게 왔지? 하는 마음이 들었다. 이승에서의 미진했던 이별이 정말 미안했었노라는 한마디 말이라도 할걸. 가슴 설레게 하는 두 단어 꿈, 길. 보고 싶은 친구는 꿈의 길을 걸어 잠시 내게로 왔다 갔구나.

영혼은 태어나지도 죽지도 않으니 끝나는 일도 결코 없으리. 불확실성의 미래. 누구도 완전할 수 없는 미래에의 불안. 살아온 일이 모두 봄날의 꿈이었다. 그 엄연한 진리를 그리운 이들이 떠나고 난 후에야 알게 됐다. 없어진 것 위에 다시 세우는 것이 인생이던가.

같은 해에 대모님이 떠났을 때는 더욱 황당했다. 허리 수술 후 입원실로 돌아왔을 때 마취에서 깨어나면서 시야가 희부연했다. 그때 눈에 들어온 것이 생각지도 않았던 대모님의 얼굴이었다. 근심스러운 표정으로 침대 곁에 앉아 나를 바라보고 있었다. 연락을 안 했기 때문에 전혀 뜻밖의 얼굴이었다. 남편도 입원 중이라 당연히 올 사람이 없으려니 했는데.

평소에도 자상했던 대모님이 타는 내 입술에 계속해서 물 묻힌 거즈를 바꿔주며 정성스레 간호하는 그 모습에 감동하지 않을 수가 없었다.

그때만 해도 그가 먼저 떠나리란 생각은 꿈에도 하지 못했다. 중병을 몸에 지닌 것조차 모르고 있었으니….

퇴원 후 서너 달 후에 황망하게도 나는 그의 빈소 앞에 엎드렸고 회한의 눈물을 흘리고 있었다. '나 아플 때 너무 잘해 주셨죠. 평생을 그 순간을 생각하며 보은하고 살려 했는데 왜 이렇게 먼저 가셨나요.' 그 말밖에는 다른 말이 떠오르지 않았다. 허리를 잘 굽히지 못하는 몸으로 읍소하고 흐느끼며 뜨거운 눈물을 그칠 수가 없었다. 당시 눈 감아도 눈 떠도 가슴속에선 언제나 찬바람이 불었다.

악재는 연달아서 겹친다고 했던가. 슬픔이 채 가시기도 전에 불과 두 달 후 서둘러 남편이 또 먼 길을 떠나갔다. 2020년 봄은 코로나로 인해 온 나라가 진통을 겪고 있었다. 바이러스와의 전쟁 때문에 계절이 바뀌어도 마음은 여전히 공포 속에 있었다. 창궐하는 역병의 대재앙 앞에서 인류는 속수

무책이었다. 연달아 겹치는 재앙의 한가운데서 남편을 보내고는 세월이 어찌 흐르는지도 감각이 없었다. 그를 보낸 지 이 년이 넘었지만 나는 아직도 '남편이 유명을 달리했다.'는 말을 쉽게 입에 올리지 못하고 있다. 어쩌면 우리는 영원을 순간처럼 살고 있었구나.

한밤중 잠에서 문득 깨어나 그의 부재를 느낀다. 사는 게 꿈이었구나. 한바탕 꿈결이었구나. 함께한 세월이 기억 속에서 흘러간 그저 평범한 한 편의 드라마였구나. 한판 신명나게 춤추고 관객의 환호 속에서 물러나 이제 객석에 앉은 듯한 느낌. 시간의 알갱이들이 모두 꿈처럼 서서히 흘러간 추억으로만 남았다.

서른 살 되던 해의 기억 속으로 걸어가 본다. 그해 여름 그는 새하얀 면티에 빨간 반바지를 입고는 유난히 흰 피부에 금테 안경을 끼고 있었다. 부모 같았던 언니에게 처음 그를 소개하던 날, 언니는 내 귀에 대고 "마치 일본사람 같구나."

라고 했다. 색감이 풍부했고 모양내기를 좋아했던 사람이었다.

그해 가을, 우리는 결혼했고 아들 하나 딸 하나를 두게 됐다. 신앙도 문학도 모든 가정의 해시계는 나를 위주로 돌아갔고 그는 애초에 아내의 뜻을 거스를 줄 몰랐는데 이는 오랫동안 혼자 살아온 그의 외로움에서 벗어난 안도감이었는지도 몰랐다. 그도 나도 만혼이어서 앞만 보고 열심히 달리다 보니 마지막이 온 것도 미처 모르고 살았다.

장례식장에서 수십 년의 막역지우가 화로 속으로 들어가는 관을 보며 울음 섞인 목소리로 크게 외쳤다. "잘 가게, 친구.' 하고는 작별의 손을 흔들었다. 그때만 해도 무망 중에 그의 부재를 느끼지 못했다. 살아가면서 그 사실은 시간의 틈새 사이로 뼛속 깊이 상실감 되어 찾아왔다. 살면서 치러야 하는 남은 이의 형벌이었다.

끝없이 계속되는 이 시시포스의 형벌은 언제나 끝이 나려는지. 한세상 다하여 돌아가는 길. 해변에 파도가 부서짐은 사소한 소멸이요, 사람이 흔적을 남기고 사라짐은 위대한 소멸이다.

여주 기행

몇 번 문을 두드렸으나 기척이 없었다. 설핏 돌아서는데 안에서 헐렁한 차림의 어르신이 나온다. 식사 중이었는지 뭘 씹으면서다.

"안녕히 계세요. 인사하러 왔어요. 저 이제 집에 가려고요. 건강하세요."

"응, 그려. 행복해. 행복하게만 살면 돼야."

그러고 보니 뒷집 오라버니는 십팔번이 「행복해」라고 했다. 뙤약볕에서 팔십 중반 노인이 종일 밭에서 마늘을 뽑아

내고 있었다. 허리 수술 후라 돕지는 못하고 안쓰러운 마음에 유리잔에 냉커피를 받쳐 들고 가져갔다. 밭둑에서 벌컥벌컥 달게 마시고는 이마의 땀을 씻는다.

그렇게 힘들게 거둔 마늘을 언니 댁에 한 뭉치나 줬으면 됐지, "부산 동생 갔어?" 하시며 내 몫까지도 또 들고 오셨다. 나누는 재미. 자신의 육신이 망가지도록 거둔 농작물을 저렇듯 이웃과 함께 나누며 사시는 순박한 이 농군의 모습이 바로 예수요 부처다.

여주 언니 댁에서 보름 이상이나 머물렀다. 새벽이면 긴긴 저수지를 돌아 상큼한 공기 마시며 흥천면의 논둑길을 걸었고 해 질 녘이면 유월 바람이 보리 익는 내음을 싣고 왔다. 적막함. 그것 외에는 무어라 표현할 말이 없을 만큼 한가롭고 고요한 한촌 마을이었다. 한밤이면 개구리 울음소리가 하도 요란해 선잠을 설치고 창을 닫아야 했다.

언니는 날만 새면 밖으로 나갔다. 마당의 잔디를 손질하고

마가목이며 목련이 둘러싼 울타리 나무들의 수형을 고르는 일에 하루 시간을 바쳤다. 덕분에 정원의 파초 잎은 선들바람을 불러왔고 키 작은 히야신스는 아기자기한 눈웃음을 보내왔다. 평생을 꽃을 쫓아 살더니 만년에도 수목 가꾸는 일에 정성을 다 쏟았다. 팔순 나이가 무색할 정도였다.

멀리멀리 떠나와 있어도, 곡진한 언니의 정성이 살갑게 다가와도, 그렇다고 너무도 갑작스러운 사별의 슬픔이 영영 가시는 건 아니었다. 현실과의 타협을 익힐 뿐, 살아가야 한다는 엄연한 삶의 무게를 점점 마음안에서 익히고 다지고 있었다. 그런 중에도 이웃 분들의 순수한 시골 인심이 더러는 위안을 가져오기도 했다.

대부분의 토박이 주민들이 연만하신 터라 옆집의 노부부도 여든다섯, 여든셋의 고령이었다. 며칠 전 방충망 문을 비집고 누군가가 빼꼼히 얼굴을 디밀었다. "동생 있는가?" 이웃은 모두 오라버니 형님이요 실지로도 혈육 같은 정을 나누며 살고 있었다. 언니는 지병도 다스릴 겸, 말년에 전원생활을 위해 일 년 전 낯선 경기도 여주 시골 마을에 자리 잡았으나 동네 분이 모두 형님 아우였다.

점심 먹지 말고 건넛마을 이포에 있는 맛집에 해물칼국수 먹으러 가자는 초대였다. 핸들은 팔학년을 한참 지난 오라버님이 잡았다. 평생을 살아오신 고장이니 운전은 젊은이 못지않게 익숙했고 목소리도 카랑카랑하시다. 커다란 냄비에서 펄펄 끓고 있는 바지락칼국수는 금방 동이 났다. 맛집 이름에 걸맞게 앞마당에는 차량들이 즐비했다.

노부부는 많은 농사를 짓는 태생 농민이었으나 나름 멋진 삶을 꾸리고 있었다. 외지에 나가 있는 일곱 명의 자녀들은 앞다투어 부모를 찾았고 농투성이라고 일에만 몰두하지 않고 틈틈이 짬을 내어 자주 나가 외식도 즐기곤 했다. 독실한 크리스천이라 장로요 권사인 부부는 믿음 생활에도 충실해 새벽기도에도 열심이었다. 더러는 부부 외식에 언니가 함께

하는 터였다.

세종대왕릉이 있고 명성왕후 생가가 있는 여주는 전통적인 양반 고을의 기품을 지녔다. 곳곳에 효자비와 송덕비가 있고 역사를 간직한 고장답게 마을이 조용하고 잘 가꾸어진 모습이었다. 인정과 예절을 중시하는 주민들의 표정에서는 시기 질투나 다툼의 흔적을 찾아볼 수가 없다.

그래선지 이 마을엔 대문 있는 집이 별로 보이지 않는다.

행복의 조건이란 무엇일까. 호화로운 저택의 높은 담 안에 행복이 있을까. 부귀 명예만을 좇는 현대인들의 삶에 안락한 인생이 보장되는 것일까. 소박하지만 자연에 감사하며 작은 행복을 꾸려 나가는 농촌 삶의 모습은 많은 것을 생각하게 한다.

그간 정들었던 옆집 형님에게도 작별인사를 전한다. "외지에서 이사 온 언니에게 잘해주셔서 너무 고맙습니다. 언제가 될지 몰라도 다음 올 때는 제가 또 식사대접할게요. 고

마웠어요."

"아니, 안 사도 돼." 키가 작고 눈이 감실감실한 형님이 까매진 얼굴로 정겨운 눈인사를 보내며 따라 나온다.

부산으로 향하는 발걸음이 가볍다.

몽진의 비유

여주의 하오는 맑고 고요하다. 옆집 개 짖는 소리도, 바람에 나뭇잎 흔들리는 소리도, 아무것도 들리지 않고 삼월 봄 햇살이 나른한 졸음을 몰고 올 뿐이다. 마치 이상의 「권태」를 생각하게 하는 그런 한촌의 적막이다. 다만 봄이 뜨락에 바싹 다가와 흙 속에 숨은 새싹들을 소리 없이 움 틔우고 있는 신춘의 계절이다.

어제는 막냇동생이 다녀갔다. 키가 큰 막내는 점퍼 겉옷에 몇 방울 봄비를 묻히고 들어섰다. 연신 사람 좋은 웃음을 지으며 찾아준 것만 해도 반가운데 박스에 한가득 음식을 싣고 왔다. 장만한 회 접시며 얇게 저민 갈비살과 함께 푸짐한 먹을거리가 쏟아져 나왔다. 마치 부산에서 온 누님의 마음속 상흔들을 음식으로 달래 주려는 듯. 모처럼 나눈 밥상 위 담소들과 함께 혈육의 짙은 정이 오래도록 추억과 함께 마음의 길을 걸어간다.

며칠 전부터 여주에 있는 언니 집에 머물고 있다. 급작스런 사별의 아픔을 달래주려는 언니의 초대에 말없이 따르기로 한 것이다. 코로나바이러스로 온 나라가 시끄러울 때에 나는 아관파천을 흉내 내듯 한밤에 빗속을 뚫고 먼 길을 달려왔다. 마음속 깊은 곳 우물이야 장소가 달라진다고 변할 수가 없겠지만 그러나 위로의 깊은 정이 담긴 언니의 배려는 곳곳에서 감동을 주기도 한다.

책장에는 젊은 시절 함께 여행했던 추억 사진들이 군데군데 얼굴을 내밀고 있다. 언제나 언니로 인해 내 인생이 풍요로웠고 수많은 시간을 함께 보냈던 언니와의 시간은 소중한 자산이요 보배로 남아있다. 자상한 수호천사, 정 많은 여인.

여주에서는 그저 아무것도 생각하고 싶지 않다. 시간이 흐르는 대로 마음이 허락하는 대로 얼마간 머물렀다 돌아갈 것이다. 앞날의 남은 시간이 참혹하게 내 정신세계를 유린한다 해도 그 또한 살아내야 할 삶의 무게가 아닌가.

담담히 받아들이자. 그리고 내적 힘을 길러야 한다.

마치 내 마음을 읽은 듯 언니가 정성으로 가꾼 수십 개의 화분에서 피어난 봄꽃들이 다정한 눈웃음을 보내온다. 힘내라고, 견디라고. 지극한 슬픔을 숨기고 있는 자의 내면은 오히려 큰 비극 앞에서 돌처럼 굳어지고 있다. 노후를 혼자 살아가는 여인들의 모습이 지금은 무장한 병사의 병기처럼 단단하고 대단해 보이기만 한다.

사람은 자신이 겪어보지 않고는 아무도 남의 처지를 속단할 수가 없다. 나는 홀로된 이의 깊은 비애에 대해 얼마나 무심했던가. 혹여 그들의 상처를 덧나게 한 언행은 없었던가. 생각 없이 던진 말마디가 그들의 가슴에 비수가 되지는 않았을까. 타인의 거울에 비로소 나 자신을 비추어 본다.

너무도 빨리 거짓말처럼 다가온 남편과의 이별이 아직도 믿어지지 않지만 이건 엄연한 현실이고 거부할 수 없는 운명이다. 잠에서 문득 깨어났을 때도, 한밤에 겪는 불면의 순간에도 문득문득 소스라치게 다가오는 낯선 이 현실을 나는 냉정하게 받아들여야 한다. 그리고 내 삶을 껴안아야 할 뿐이다.

현실도피처럼 떠나온 여주에서의 시간은 내게 수도원의 나날처럼 그저 조용하고 적막하기만 하다. 영혼의 산책이니 명상의 깊이라든지 이런 단어들은 지금 내게 너무도 먼 나라 얘기다.

신은 항상 내 안에 있고 더러는 조롱하듯 멀리 달아나 있기도 하다. 상처에 연고를 바르듯 조용히 그저 시간이 변화하는 모습을 바라보고 있을 뿐. 미래 시간과의 타협보다는 하루하루 다가오는 시간에 겸손되게, 그러나 용감하게 손을 내밀어야 한다. 시시때때로 사막처럼 널려있는 시간 앞에서 소스라치며 최인호의「산중일기」를 읽기도 한다.

팔순의 언니는 지금 싱크대 앞에서 녹두를 손질하고 있다. 동생을 위해 나날이 밥상을 풍성하게 해 입맛을 맞추려고 애쓰는 여인의 정성이 진한 연민으로 다가온다. "내일은 녹두죽을 끓여 줄 테니 너는 맛있게만 먹어주면 돼." 나라면, 이 불민한 동생이라면 동기간의 상심에 대해 이렇듯 살뜰하게 챙길 수가 있을까. 불가능이다. 그것은 타고난 천사 같은 성품이다. 언니의 정성을 봐서라도 나는 힘차게 비상해 날아올라야 한다. 인생은 돌아가는 것보다는 당당하게 맞서야 하는 것이 너무나 많다는 것을 나는 이제야 알 것 같다.

언니 집에서 한길 창가를 쭉 바라보면 시골버스 정류장이 보인다. 먼지를 일으키며 가끔씩 차들은 지나가고 이내 도로는 한가해진다. 어제 병원 길에 나서던 언니는 자주색 주름 스커트에 구두를 신고 타박타박 걸어가 그 정류장에서 버스를 기다리고 있었다. 얼마를 지나서 바라보니 언니는 보이지 않았다. 버스를 타고 갔을까. 아니다. 우리 사는 일이 버스를 기다리는 일. 언젠가는 올 버스에 우리는 속절없이 실려 갈 것이다. 나는 그 인상적인 정류장을 카메라에 담았다. 길 따라 걸으며 지금 우리는 모두가 정류장에 서서 버스를 기다리고 있다.

한낮에는 햇살을 받으며 들길을 걸었다. 논밭 사이로 난 시골길은 적당히 포장돼 있었으며 한 시간도 못하는 내 걷기운동을 위해서는 오르막 내리막이 없는 평지여서 편안하게 운동할 수 있었다. 걷다가 잠시 나무의자에 앉아 쉬기도 했다. 그 때마다 기도를 하곤 한다. '주님, 남편 바렌티노에게 영원한 안식을 주소서. 영원한 빛을 그에게 비추소서.' 산다는 일은 이토록 부질없는 일. 언제가 될지 모르는 그 시각이 갑자기 다가오면 왈칵 서러워지는 일.

여주 수도원에서의 나날은 겉으로는 평온하다. 많은 언어들을 가슴에 묻고서 터덜터덜 황톳길을 걸어 가지만 그러나 힘차게 일어설 내적 힘을 위해 비상하고 또 다짐하기도 한다. 후일 조금은 삶이 홀가분해졌을 때 지금 이 몽진의 시간들을 아프게 기억하게 될까.

피안 저 너머에

나는 지금 현관에 있는 신발 한 켤레를 오래도록 바라보고 있습니다.

낡고 때 묻어 오래된 등산화. 실은 그 신발은 이제 쓸모가 없어진 것입니다. 세월이 아무리 흘러도 그 신발은 단지 주인의 땀내가 배인 흔적과 발걸음 소리를 그리워하면서 현관 입구의 맨 안쪽 자리를 오래도록 지키고 있을 뿐입니다. 그리고 나는 아마도 생이 다하도록 그 신발을 치우지 못하고 그 자리에 그대로 놓아둘 것입니다.

한 사나이가 좁은 산길을 오르고 있습니다. 사방에 진달래가 만발했던 걸로 보아 초봄이었던가 봅니다. 집 뒷산의 조붓한 사잇길로 약수터에 오르는 길입니다. 남자는 얼마 걷지 않아 평평한 바윗돌에 다리를 걸쳐 앉습니다. 뒤에서 걷던 여자는 함께 쉼터에 앉을 만도 하건만 잔망 궂은 내심은 먼저 앞지르고 싶은 생각에 앞서서 터덜터덜 걸어갑니다. 남자는 새로 산 등산화가 다소 무거운 듯 천천히 일어나 흙바닥을 한 번 텅텅 치고는 소나무 사잇길을 다시 걷기 시작합니다.

주인은 가고 없어도 그때 그 신발은 지금도 현관 입구 맨 앞자리를 당당히 지키고 있습니다. 한 남자의 생애를 기억하고 있는 흙냄새 배인 신발을 아직도 버리지 못하고 있음은 홀로살이의 고독과 비애를 타인에게 드러내고 싶지 않은 내밀한 심리 때문입니다. 그리하여 신발의 존재는 낯선 이에게도 이 집에 남자가 있노라는 은근한 신호가 되고자 합니다.

소중히 떠오르는 어느 날의 잔영은 거실에서 고요히 밥상을 펴고 앉은 한 남자의 뒷모습에서 멈추어 있습니다. 가죽으로 장정한 두툼한 신구약 성서를 펴놓고 한여름 땀이 흐르는 줄도 모르고 열심히 필사하던 그 집착 안으로 들어가 봅니다. 제법 두툼하게 쌓인 필사본의 단정한 필체는 아직도 여자의 시선 안에 머무르고 있습니다. 마치 인쇄한 듯 가지런한 필적은 두께를 더하기만 했고 제본을 기다리고 있을 때 남자는 먼 길을 떠났습니다.

아직도, 정말 아직도 문갑 속에서 잠자고 있는 소중한 필사본을 정리하지 못하고 있음은 무슨 이유일까요. 남자가 간 지 삼 년이 넘었는데도 무슨 보물인 양 그렇게 서랍 속에 갇혀 햇빛을 보지 못하고 있음은 두려움인지 소중한 추억인지 그건 잘 모르겠습니다. 제법 많은 시간이 흘렀음에도 그 서랍을 연다는 일이 왜 이리도 무거운 감정으로 남아있는 걸까요. 슬픔인지 두려움인지 여자는 아직도 분명한 색깔을 찾지 못하고 있습니다.

사람이든 물건이든 그것이 곁에 머무를 때는 소중함의 가치를 잘 모르지요. 당연히 그 자리에 정물로 존재할 뿐 그리고 영원의 이름으로 함께하리라고 만 생각합니다.

그때가 그랬지요. 아마도 입원 병실의 일정을 맞추기 위해 잠시 집에 와서 있을 때였을 겁니다. 부부는 함께 푸른 강물이 넘실대는 좁을 산책길을 자동차로 천천히 달리고 있었습니다. 시월쯤이었으니 남자가 먼 길을 떠나기 사 개월 정도 전이었나 봅니다.

무슨 영감에선지 여자는 그날 남편에게 바치는 짧은 시를 마주선 두 그루 은행나무에 비유해 적었고, 그 시를 받은 남자는 병실로 돌아가 입원실 침대에서 화답의 글을 보내오기도 했습니다. 그때만 해도 차마 남자가 그리도 바삐 하늘나라로 떠나리라고는 상상도 못하고 있었으니 사람이란 얼마나 어리석고 우매한 존재인지요.

별다른 허망함은 없습니다. 외출에서 돌아왔을 때 언제나 적막인 채 맞아주는 빈집, 잠에서 깨어났을 때 불현듯 아무도 없다는 사실을 인식하는 매번의 소스라침과 그 확인, 그런 것에도 이젠 익숙해졌습니다만 아직도 극복하지 못하고 있는 것은 혼자서 집에 있기를 싫어하는 이 지독한 외로움, 그것의 영원성. 홀연히 떠나기 전까지는 이 막막함을 견뎌야 한다는 엄연한 현실이 두려울 뿐입니다. 잠들어도, 깨어나도 재미없는 세상. 혼자라는 사실이 두렵지 않을 때는 언제쯤일까요.

걷기운동을 위해 산에 가는 일마저 아직도 혼자 실행하지 못하고 있음은 덜 성숙된 자아의 표상인지요. 어떤 예감에서였는지 남자는 늘 여자에게 말하곤 했습니다. 홀로살이 준비를 잘하라고. 그 혼자살이라는 것은 아무래도 육신 적인 것보다는 감정적인 것에 더 많이 치우치고 있습니다.

우리 사는 지구별에는 지금 또 하나의 봄이 오고 있습니다. 어제는 꽃시장에 가서 거름과 함께 몇 개의 화분도 사왔지요.

베란다 화단에서 요리조리 위치도 바꿔보고 옮겨심은 화분에서 귀여운 카랑코에와 분홍빛 시클라멘은 올봄 시선이 머물 때마다 삭막한 나의 정서를 위로해 줄 것입니다.

아 참, 그리고 봄맞이로 식탁보도 꽃무늬로 새로 바꿨답니다.

그대 가고서 네 번째 봄이 왔습니다. 느낌으로 봄을 맞이하며 홀로살이에 적응하고 있는 내 모습이 보이지 않나요? 지상에는 지금 매화가 활짝 피어나는 계절입니다.

명부冥府의 세계에도 봄은 있던가요. 꽃은 피던가요. 그대는 어디서나 나서지 않는 조용한 성품이었으니 다시 만날 그쪽 세상에서도 그렇게 화평을 누리고 있겠지요. 몇 번 남았을지 모를 이승에서의 봄을 나는 나날이 기도 속에서 견디고 있습니다.

바렌티노.

인생이라는 긴긴 소풍 길에서 그대는 참 좋은 친구였습니다.

그대 목소리

나는 아직 손을 대지 못하고 있습니다. 무엇이 두려운 건지 내키지 않는 마음의 색깔이 무엇인지도 모른 채 선뜻 발을 내딛지를 못합니다. 문갑 서랍만 열면 선연히 숨쉬고 있는 그대 흔적이 나를 더 망설이게 하고 있는지도 모릅니다.

거기에는 인쇄체를 닮은 그 정갈한 필적과 손때 묻은 수첩들, 그리고 동그랗고 가느다란 금속성의 날렵한 금테 안경과 그대 몸을 감쌌던 가죽 벨트의 체취도 함께 있습니다. 하긴 모르지요. 그대 목소리를 듣지 못한 지 사 년이 지났는데도 현관에서 치우지 못하고 있는 그 등산화의 존재와는 어떤 모순된 상관관계가 있는지요.

고요히 앉아 성서를 필사하던 그 많은 분량의 필사본에는 단정하고 정제된 모습의 정신이 묻어 있으며, 오랜 세월 낯익은 수첩과 핸드폰에는 그대 목소리와 일상의 반경이 담겨 있지요. 그 우직하고 올곧은 시선이 묻어 있어서 나는 아직도 선뜻 문갑 서랍을 열어보지 못하고 있을까요. 그것은 아쉬움인지 회한인지 미련인지 아마도 그중의 하나일 것입니다.

사람의 생애란 참 신비인 것이 분명합니다. 태어남은 무엇이며 연기처럼 소멸한 것은 또 무엇인지, 허망이나 무상이란 말과는 비교도 안 될 만큼 우리는 지금 이 순간도 무한한 신비 속에서 살고 있습니다. 공기나 물, 태양이나 자연 등이 없으면 우리는 살지 못함에도 그것들을 모두 공짜이고 받고 있음이 신비이듯이 그대 또한 내 인생에선 한없이 신비한 존재이기만 합니다. 지나간 모든 것이 꿈결이나 바람처럼 느껴지는 지금에 와서는.

생각해 보면 우리 만남 자체가 우주의 신비에 비하면 아주 작은 하나의 점과 같은 신비 자체인지 모릅니다. 꼭 한순간, 길 위에서의 그 시선의 마주침이 없었다면 아마도 우리는 생애를 다해 모르는 사람으로 살았을 수도 있을 것입니다. 이십 대 후반의 어느 날 퇴근 후 버스에 앉아 신호대기 중이라 무연히 창밖을 내다보고 있을 때, 마침 길을 걸어가고 있던 그대와 눈길이 마주쳤습니다. 바로 그 순간 신호가 바뀐 버스는 앞으로 달려나갔습니다.

순간 무엇이 그대 마음을 움직였는지 질주하는 버스를 향해 사력을 다해 달려오고 있는 한 청년의 모습을 보았습니다. 나는 그 놀라운 모습에서 눈을 뗄 수가 없었고 바로 그 한순간의 감동이 한 여자의 마음을 움직여 한사코 외면해 오던 그대와의 인연에 새로운 전환점을 모색하게 되었지요.

사람의 운명이란 게 이렇게 결정적인 한순간이 모티브가 되어서 우리 인생이 시작되었습니다.

하나 더하기 하나는 둘이기만 했지 결코 다른 욕심도 변수도 생각할 줄 몰랐던 사람, 때로는 그 단순하고 우직한 결곡함이 그대 주변을 외롭게도 했지만 그 외골수의 집념이 오히려 일생 제 옆지기만 생각하게 했는지도 모릅니다.

생각하면 제 삶은 참 이기적이고 독단적이었습니다. 신앙과 문학이란 두 가지 기둥을 잡고 오롯이 앞으로만 정진할 수 있었음도 그대의 한결같이 든든한 배경이 있었기 때문이었음을 이제야 깨닫습니다. 오로지 우리 가정의 모든 해시계는 이 못난 아내 위주로 돌게 해준 그 뒷받침을 너무 늦게 깨닫는 내가 참으로 못난이입니다.

앞만 보고 신앙의 길을 가던 젊은 시절의 풍경화 하나가 떠오릅니다.

김장용 고추를 교구에서 취합해 제공하던 때, 단체장의 직분을 맡았던지라 일선에서 실무를 담당하고 있었지요. 수십 군데 성당에서 주문받은 고추를 배송하는 일은 마땅히 인부가 맡아야 했거늘 경비 절약을 위해 그대와 직접 그 일을 도맡아 했으니 얼마나 이기적이고 모자란 일이었던지요.

마침 장마철이라 땀과 빗물과 흙탕에 온몸이 젖은 채 우리 본당에 고추 자루를 어깨에 메고 온 그대를 보고 친구였던 사무장이 놀라서 한마디했습니다.

“바렌티노는 참으로 성인이야.” 본인 일도 아니고 옆지기가 여성연합회 회장을 맡은 게 뭐라고~. 고생시킨 그 일을 생각하면 지금도 송구함에 고개가 숙여집니다.

아이들도 훌쩍 자라 장성한 어느 가을날, 결혼 44주년 기념일이었던가요. 부부는 갈대숲이 바람에 하늘대는 강변을 드라이브하고 있었습니다. 아마도 병원 일정에서 그대가 잠시 집에 머물던 때였나 봅니다. 마음이 착잡해진 나는 내키는 대로 졸시 하나를 적었습니다.

서른넷 서른 살/ 다소 늦었던 만혼 부부/ 함께한 세월 / 어언 사십사 년/ 돌아보니

한바탕/ 꿈이었네/ 이제 황혼에 선 / 두 그루 은행나무 / 제발 아프지만 말기를

손잡고 마주 선 연민의 눈동자/ 살아온 세월은/ 성전의 아름다운 두 기둥이었네.

이튿날 그대가 보내준 답글은 동아대 병실에서였습니다.

돌아보면 먼 길/ 굴곡진 산마루/ 지날 때마다 손잡아 줘서 고맙소

황혼이 열어지는 언덕에 마주서서/ 옛날 곱던 당신 얼굴

바라보니 행복합니다/ 고맙구려 고맙소

그로부터 넉 달 후 그대가 떠났으니 차마 그것이 내게 준 마지막 글이었다는 걸 그때는 알지 못했습니다. 돌아보니 그것은 두 사람이 주고받은 세상에 보낸 고별사였습니다.

살다 보면 사람의 마음에 더러는 커다란 한으로 남아오는 게 있습니다. 떠나기 전 그대의 병원 생활, 그때는 나 또한 허리 수술 후 거동이 자유롭지 못할 때여서 손수 간병하지 못했음이 미안한 자책감의 돌덩이로 남아 있습니다. 그러나 불편한 몸으로도 하루도 빠짐없이 운전 길 더듬어 수척해진 얼굴을 바라볼 수 있었음이 또한 작은 위안으로 남았습니다.

이제는 낯선 시간 속으로 떠나간 당신. 나는 지금 당신 없이도 이렇게 남아 있습니다. 거기도 별이 뜨고 달이 지나요? 서로 다른 세상이 참으로 낯설기만 합니다. 나날이 기도 속에서 함께하는 사람, 이제는 부디 영면하십시오.

3부

거기까지

거기까지였던가. 그녀와의 인연은. 수십 년 젊은 날을 함께 지냈던 꽃 같은 시절들은 이렇게 허무하게 끝이 나는 것인가. 하지만 꿈결 같은 시간들은 너무 빨리 지나가 버린다.

마지막 미사 그 쓸쓸함에 대하여

사제의 검은 수단 자락.

오늘따라 참 맑고 단정하다.

새로운 사목지를 향해 떠나가는 신부님 표정엔 그저 담담함이 묻어난다.

시월 한복판의 대기는 부는 바람에도 서늘한 이별의 정조가 묻어나고 마지막 미사의 성전에는 가라앉은 아쉬움이 서린다.

고별미사는 그러나 생기를 머금었다. 평소 활달 명쾌함의 신부님 성정이 떠남의 앞이라고 해서 다를 수는 없다는 듯. 섭섭함은 차라리 평신도의 몫이었다. 그러나 나는 읽고 있다. 내면 깊숙이 성의聖衣로 가려진 그 별리의 정감을.

천상의 신을 섬기는 지상의 사제. 그들은 더 큰 사랑을 위해 작은 사랑을 포기한 사람들이다. 하지만 사람에겐 감정이 있고 정감의 파장이 있다. 손을 맞잡고 천천히 인사를 나누는 성당 마당에서 더러는 눈물을 보이는 아쉬움이 있는데 어찌 사제의 마음이라고 끝내 담담할 수만 있겠는가. 착한 목자의 선한 미소 뒤에는 다 표현하지 못한 어버이 사랑의 여운이 남아있다.

나는 왜 떠나는 사제의 뒷모습에서 어떤 여름날 바다의 한 유람선에서 노래 부르던 무명가수를 떠올리고 있었을까. 쓸쓸함이 또 다른 쓸쓸함을 불러왔다.

열악한 조명의 설치무대에서 그는 별다른 표정도 없이 연거푸 몇 곡의 노래를 부르고 있었다. 메마른 체격, 얼룩무늬

군복에 긴 머리를 질끈 묶은 그의 목소리에는 말할 수 없는 우수가 스미고 있었다. 부드럽고 애잔한 노랫말 때문이었는지도 몰랐다. 이름 없는 미성의 저 사내는 단지 생계를 위해 노래 부르고 있을까.

마음은 슬퍼도 가장의 무게 때문에 무대에 선 것은 아닌지. 애써 그런 생각을 눌러야 했다. 빠른 템포의 흥겨운 곡을 부르고 있어도 표정은 그저 담담하기만 한 그를 위해 즉흥적인 모금이라도 해주기를 바라고 있었다. 유람선에서 내렸을 때는 그를 위한 선의를 위해 선뜻 나서지 못한 미진함을 동행한 언니도 나도 후회하고 있었다.

지금도 그 남자는 제주 앞바다의 포말을 가르며 우수의 소야곡을 부르고 있을까. 그것은 어떤 쓸쓸함의 여운이었다.

해마다 여름은 가고 가을이 왔다. 계절에 무심할 수 없음이 사람의 정감이지만 올가을의 낙엽처럼 쓸쓸한 아름다움이 또 있었을까. 어느 날 아침 산길에서 본 낙엽의 무리들은 가던 길을 멈추게 했다. 이불처럼 수북이 쌓인 샛노란 이파리들을 그냥 지나치지 못해 뒤돌아 걸으며 오고 가기를 반복했다. 자박자박 사각사각 발아래 밟히는 그 촉감에서 하나의 가을이 가는 소리를 들었다.

숲은 가볍게 흔들리고 있었다. 바람이 오방색으로 물든 잎사귀들을 살짝살짝 건드리고 지나갔다. 나뭇잎이 간당간당 흔들리는 모습이 마치 잔주름 지는 수면을 바라볼 때의 느낌이다. 가을산은 고요하지만 적막하지 않아서 좋다. 적막에는 일종의 슬픔이 배어있기에 추색의 정취는 혼자로도 충만했다. 울긋불긋한 숲의 넉넉함이 나의 마음과 몸에 속속들이 스며들고 있었다.

비에 젖어 이지러진 낙엽의 푹신함은 부엽토가 되어 땅의 거름이 될 것이지만 나는 돌아가 후손에게 한줌의 자양분이 될 수 있을까. 그것은 지나친 욕심이지만 땅에 떨어지기까지의 그 찰나 같은 시간들에게 의미를 다하기를 바랄 뿐이다.

나무처럼 살 수는 없을까. 이것저것 복잡한 분별없이 단순하고 담백하고 무심히 살 수 있으면 얼마나 좋을까. 낙엽이 지면 뿌리로 돌아간다. 가을은 나무들이 걸쳤던 옷을 훨훨 벗어버리고 알몸으로 서 있는 낙목한천落木寒天 아래서 우리네 삶을 되돌아보게 하는 계절이다.

나는 또한 겨울나무를 좋아한다. 바람을 둥지 틀고 서서 흐느끼는 듯한 몸짓으로 마른가지를 뒤척이는 모습은 금방이라도 눈시울을 글썽이게 하는 애절함으로 다가오기 때문이다. 비워냄이 차라리 채워질 것이라는 의미로 삭풍을 견디는 숙명은 차라리 처연하기까지 하다.

모든 사라져 가는 것들의 쓸쓸함에는 아름다움이 묻어있다. 마음속에 그리움을 지닌다는 것은 동시에 희망을 간직하고 있기 때문이듯 황혼의 장엄한 햇살이 아름다운 것 또한 내일 다시 떠오를 새 날에 대한 희망을 품고 있음이다.

떠나는 사제의 뒷모습, 우수가 배인 무명가수의 쓸쓸한 목소리, 그리고 한해살이 다하고 떨어지는 나무들의 송별사에도 우리는 다함이 없는 우수의 정감을 느낀다.

그러나 그 모든 쓸쓸함에는 사랑이 묻어난다. 어떤 사물에도 따뜻한 정감이 없다면야 그 끝자락의 쓸쓸함을 느낄 수가 없기 때문이다. 서운함의 근본은 사랑이다.

정든 본당을 떠나는 사제의 마지막 미사가 쓸쓸함도 그에 대한 정이요, 잠깐 스친 유람선 가수의 부드럽고 아름다운 목소리에서 우수를 엿볼 수 있음도 그 목소리에 대한 관심과 정이요, 떨어지는 낙엽의 뒷모습이 유독 서러움도 가야 하는 이 세상의 정과 미련에 대한 아쉬움이 묻어남이다.

그래서 가수 양희은은 「사랑, 그 쓸쓸함에 대하여」를 노래한다.

다시 또 누군가를 만나서
사랑을 하게 될 수 있을까.
그럴 수는 없을 것 같아
도무지 알 수 없는 한 가지
사람을 사랑하게 되는 일
참 쓸쓸한 일인 것 같아.
(후략)

사랑은 정이요 모든 정에는 쓸쓸함이 묻어 있다. 그러나 슬픔도 지극하면 아름다움이라 사라져 가는 모든 것들에게 다정하게 손을 내밀어 본다.

마지막 여행

빗소리를 듣는다. 섬에서 내리는 비는 정적이요 몽환이다. 조곤조곤 속삭이는 듯 초록색 방풍나물 잎사귀를 적신다. 새떼들이 부슬비 사이로 낮게 비상하고 좁은 골목길에 피어난 우윳빛 꽃들도 차분히 갈증을 해소한다. 넓은 창유리 너머로 다도해 한바다가 열리고 부연 시야는 침묵 속에 가라앉는다.

새벽의 청정한 기운, 멀리서 계명성을 울리는 수탉의 울음소리는 아침의 전령사다. 저들은 무엇으로 희붐한 어둠 속에서도 새벽이 왔음을 감지하는 것일까. 겹겹이 둘러싼 산의 능선과 신록의 기운들. 어젯밤 그렇게 드세던 바람은 저 멀리 회색 난바다 위에서 서성이고 있다.

말기의 지병을 앓고 있는 언니와 함께 떠나온 여행. 자매는 아무도 건강에 대해선 말하지 않는다. 해안을 감싸는 바다의 지평처럼 무한대의 삶을 희구하진 않지만 인간의 한계성은 어느 땐가는 끝 지점이 있기에 이번 여행의 추억은 어느 때보다 소중하다.

수구초심인가. 언니는 고향을 몇 번이나 더 찾을 수 있을지. 서글픔은 단지 이 동생의 내심일 뿐이다. 숙소 넓은 잔디 뜰에서 또 민들레를 캔다. 부디 이 약초가 언니 건강에 청신호를 가져올 수 있기를 한 뿌리마다 기도를 얹는다.

돌밭에서 이미 한 자루를 캤으나 손목의 통증 따위는 아랑곳하지 않는다. 이 정성이 언니 건강회복에 도움만 될 수 있다면.

언니지만 부모였다. 젊은 시절 언니의 신혼 시절부터 철없는 이 동생은 빌붙어서 직장생활을 했으니 언니는 내게 생활의 터전이요 영혼의 안식처였다. 한없이 퍼주기만을 좋아하는 보살 같은 언니의 사랑이 있었기에 바람 없이 청춘을 보낼 수가 있었다. 결국 내 결혼식도 언니 집에서 했으니 그 사랑과 정성을 이제 와서 다 갚을 수는 없는 일이다.

하늘에 빌고 정성을 모을 뿐이다. 언니가 천수를 누릴 수 있기를. 그 여정에서 마음 든든한 힘이 되어주는 보호자가 될 수 있기를. 몇 번의 남은 여행. 바다는 말이 없고 봄비는 소리 없이 또 내린다.

거기까지

사람이 평생 원하는 일만 하며 걱정 근심 없이 안락하게만 살 수 있다면 얼마나 좋을까. 그러나 그럴 수 없는 게 인생이요 삶의 역사다. 때로는 거센 폭풍과 만나기도 하고 예기치도 않은 역경을 만나 허우적대기도 한다. 이번 일만 해도 그렇다.

멀쩡하던 친구가 갑자기 연락도 안 되고 통신두절 상태가 돼버렸다. 현대생활은 핸드폰 연락이 끊기면 소통할 방법이 없다. 대상포진으로 한동안 고생하더니 일주일 정도 시골에 다녀오겠다던 연락 이후로 몇 주일이 지나도 전화도 받지 않고 카톡 상태도 불통이다.

처음엔 그러려니 하다가 보름 이상 지나자 이게 아니다 싶었다. 멀쩡하던 사람이 종적이 묘연해지니 견딜 수가 없었다. 할 수 없이 요즘은 잘 쓰지 않는 집 전화로 그의 남편에게 밤낮없이 전화 연락을 시도했다. 드디어 늦은 밤에 간신히 통화 연결이 됐다 친구 소식을 물었더니 놀라운 대답이 돌아왔다.

갑자기 응급실로 들어가 중환자실로 옮긴 지 보름이 됐다는 게 아닌가. 평소에 전화를 잘 받지 않는 친구라 그러려니 하다 나중엔 원망마저 들던 터라 망치로 한 대 얻어맞은 기분이었다. 병명도 아직 확실히 모른 채 산소 호흡기에 의지해 한마디 말도 할 수가 없다니 어찌 그런 일을 상상이나 했겠는가.

추상같은 코로나시대 한복판에서 그나마 주중에 월요일

오전만, 그것도 가족만 면회가 된다니 마음대로 면회도 못 하는 처지라 놀라움은 더욱 커질 수밖에 없었다. 인간관계의 허망함이 해일처럼 밀려오기 시작했다.

거기까지였던가. 그녀와의 인연은. 수십 년 젊은 날을 함께 지냈던 꽃 같은 시절들은 이렇게 허무하게 끝이 나는 것인가. 가을 짙은 어느 날, 산사 초입에는 사방 창유리가 넓은 카페가 자리하고 있었다. 커피 향에 이끌려 둘은 통나무 의자에 앉았다. 어느 쪽을 바라보아도 계절의 정취를 품은 오래된 소나무들이 위용을 자랑하고 있어 말이 없어도 나무들의 대화에 이끌려 한참을 그렇게 바라보고만 있었다.

왜였을까. 만나보지 못하는 그녀의 투병 소식을 듣고 제일 먼저 그 화면이 떠오른 것은. 빈산의 적막 같은 허망한 감정 때문이었을까. 둘은 수십 년 우정에 말이 없어도 마음이 잘 통할 때가 많았다. 여행지 선정이나 음식점 취향을 고를 때도 그랬다. 활달한 성격에 운전 봉사라면 따를 이가 없는 그녀는 내비가 없어도 정확한 방향 감각으로 문제없이 목적지를 찾아가곤 했다.

생각하면 그녀로 인해 내 인생이 더욱 풍요로웠음을 새삼 실감할 수가 있다. 함께 있을 때는 미처 깨닫지 못한 고마움이 그의 부재로 인해 더욱 선명하게 다가왔다.

옷고름처럼 이어진 섬진강의 아름다운 강변을 달려 하동 솔숲에 다다랐을 때 일행들은 각자 준비한 음식을 펼치고 보니 어느새 성찬이 되었다. 오월 하늘은 푸르렀고 그늘에 펼쳐진 꽃자리는 웃음꽃 만발한 낙원이었다. 그때는 그 순간이 행복인 줄을 몰랐으니 인생은 지나고 나서야 한참 후 깨닫는 우매한 시간 놀음이다.

멋부리기를 즐겼던 그녀는 언제나 단정한 치마 정장에 굽 높은 신발을 즐겼다. 사철 편안한 바지 차림인 동료들의 눈을 신선하게 해준 그의 차림새는 주일미사에서도 돋보여 헤어스타일이며 옷차림이 흐트러짐이 없었다. 동유럽의 프라

하 여행 시 고색창연한 시가지 돌길을 걸을 때도 주름치마에 굽 있는 구두로 또각또각 걸었으니.

하지만 꿈결 같은 시간들은 너무 빨리 지나가 버린다. 이제 팔순을 바라보는 시점에서 건강을 잃고 나서야 그 사실이 뼈저리게 다가온다. 평범하고 행복했던 일상들은 영원히 지속될 것만 같아 기어코 맞이하게 될 작별의 순간들은 언제나 남의 일인 양 잊고 지냈으니 이리도 갑자기 단절의 경우가 찾아올 줄은 차마 몰랐던 것이다. 중환자실에서 산소호흡에 의지한 채 두 달 가까이 견디고 있는 그를 생각하면 주체할 수 없는 슬픈 감정이 강물처럼 밀려오곤 했다.

다행인 것은 메리놀의 원목수녀님을 통해 간간이 근황은 전해 받을 수가 있었다. 어느 월요일, 그 수녀님의 도움으로 간신히 한 번 면회를 할 수 있었다. 그것도 성당의 대모代母라는 이름으로. 정해진 시각에 비닐 옷을 입고 손 소독 후 병실에 들어섰다. 초췌해진 그녀의 모습에 왈칵 설움이 밀려왔지만 지극한 감정의 절제가 필요한 순간이었다. 말을 할 수 없어도 사람은 알아볼 수 있는 그녀의 의식이 나를 보자마자 하염없는 눈물을 흘렸다. 그 말 없음의 가슴속에 얼마나 많은 말을 간직하고 있었을까. 울음을 참으며 나는 그의 귀에 대고 용기를 주는 말을 할 수밖에 없었다.

그런데 며칠 수 반가운 소식이 왔다. 입속에 연결된 호흡기를 떼고 이제 며칠 후면 일반병실로 옮길 수 있다는 거였다. 반가움에 나도 모르게 비 오듯 눈물이 흘렀다. 밤낮없는 내 기도를 들어주신 주님께 드리는 감사의 눈물이었다.

사람의 몸은 허망한 유기체이다. 지금 한자리에 모여 있다 해도 다음 순간 어떻게 될지 모른다. 나이 들어갈수록 우리 각자는 세상이란 바다에서 저마다 섬이 되어가고 있다. 부디 친구의 병세가 나날이 좋아지기를 바라는 마음이 하늘에 닿아 건강한 모습으로 회복되기를 바라는 마음 간절하다.

사람이 그리운 날에

팔층 아우가 있다. 아파트 같은 라인이니 수시로 얼굴 볼 수도 있고 부침개나 별식을 하면 서로 나누기도 하는 사이다. 부부가 한결같이 순직하고 다감해서 가끔씩 엘리베이터에서 만나면 언제나 살갑고 정이 가는 이웃이다. 꽤 젊어보였는데 육십 대를 바라본다니 나이가 세월을 비켜간 듯했다. 내왕하며 소통한 지는 얼마 안 됐지만 입주해 한 지붕 아래 산 지는 이미 십여 년이 넘은 세월이다.

가끔씩 무료하면 그를 부른다. 세대차이는 있지만 밝고 긍

정적인 심성에 복지관에 봉사 다닐 만큼 시간 여유도 있으니 부담 없이 차담을 나누기 위해서다. 며칠 전 뒷산에 함께 올랐다. 올랐다기보다는 허리수술 후 보행이 불편한 나를 위한 보호자 역할이었다. 양손에 스틱을 잡았으나 결국 약수터 초입에서 돌아 나오고 말았다. 산길을 걷기에는 아직은 무리라는 확신과 함께, 언젠가는 오를 수 있으리란 확연한 다짐을 마음에 한 날이었다.

언제나 허허허 하는 너털웃음이 트레이드마크인 배움터 동료가 있다. 부수수한 반백 수염에 초승달 같은 눈웃음을 항상 달고 사는 그는 언제 연락해도 허물없는 편안한 공원 나들이 짝꿍이다. 어제도 철물점 앞에서 기다리기로 했다. 어김없이 두 시에 내 차가 스르르 다가간다.

공원에는 널찍하고 길다란 펜스 형식으로 된 햇살바라기 장소가 있어 언제나 산책객들이 운동화를 벗고 길게 누워 따끔거리는 만추의 오후 햇살을 즐기고 있다. 다리를 쉬어

주기 위해 나 또한 모자로 얼굴을 가리고는 배낭을 베개 삼아 옆으로 비스듬히 누워본다. 등허리에 내리꽂히는 따스한 햇살의 감촉이라니. 오랫동안 태양과의 밀회를 기분 좋게 즐기고 있어도 동행한 그는 멀찍이 나앉아 가부좌를 하고 명상 중이다. 참 순하고 편한 사이다.

외로움도 병이런가. 수행자나 독신자들은 홀로살이에 익숙한데 나는 아직 경지에 오르지 못하고 있다. 얼마나 더 살아야 빈집의 적막을 견딜 수 있을까. 인간은 신 앞에 단독자. 홀로 있으나 여럿이나 개인의 영혼은 갈 때도 올 때도 어차피 혼자다. 그러나 평생을 혼자 살아보지 못했던 나는 갑자기 맞닥뜨린 어길 수 없는 현실이 낯설고 막막해 수시로 누군가를 부르고 찾아간다.

올봄 남편이 지상에서 영원으로 거처를 옮긴 뒤 갑자기 바뀌고 만 일상들이 쉽게 받아들이기에는 너무도 힘들었다. 섬약한 의지가 견디기에는 도무지 현실이 믿기지가 않았다.

이 냉혹한 허허로움을 무엇으로 채울 것인가. 본질적인 것은 비본질적인 것을 뛰어넘지 못한다. 미처 준비 없이 어이없게 마주친 시간의 아득함 앞에서 더러는 어쩔 줄 모른다. 아마도 문우들과의 사이버세상 단톡이라도 없었다면 이 암울한 코로나시대에 더욱 견디기 힘들었을 것이다.

시인 한 사람, 수필가 둘의 이 단체톡은 나날이 아침을 여는 신호음이자 세상과의 첫 소통창구가 되고 있다. 세 사람의 결속이 얼마나 돈독한지 마치 힘센 밧줄로 고리를 엮어 놓은 것처럼 단단하고 흉허물이 없다. 연배로 치면 내가 중간이니 믿음직한 언니와 살가운 아우 하나를 얻은 셈이다. 문학과 신앙의 공동체라는 동질감 속에서 소소한 일상을 나누며 매일 아침 정을 나누고 마음을 연다. 마음 걸어둘 곳 없는 내게 그들은 얼마나 든든한 벗이자 동료인지 그저 고마울 따름이다.

주기적으로 만나 정담과 식사를 나누며 세월을 쌓다보니

멀리 있는 동기간보다도 더욱 가까울 수밖에. 언니는 사랑과 나눔을 몸으로 실천하는 보기 드문 인정의 화수분이요, 아우는 한창 바쁘게 살면서도 매번 운전봉사를 자청하니 나는 그저 중간 고리로서의 메신저 역할이라고나 할까.

어느 때는 다음 달을 기다리지 못해 한 달에 두 번을 모일 때도 있으니 서로를 진정으로 위하는 따뜻함이 없다면 불가능한 인간관계일 것이다.

우리 본당의 교우들로 묶여진 또 하나의 단체톡인 성목회 또한 믿음직한 생활의 활력소다. 수십 년 신앙 안에서 깊이 결속된 네 사람의 자매들은 눈빛만 봐도 서로의 뜻을 헤아릴 수 있을 만큼 허물없는 사이. 여기서는 내가 막내이다 보니 생활의 연륜과 삶의 지혜를 많이 배울 수가 있다. 자녀들 교육도 혼사도 모두가 먼저인 그들에게서 앞서가는 인생의 발자취를 보고 깨달음을 얻기도 한다.

무엇보다도 영육이 함께 병약한 내게 가장 든든한 후원자요 버팀목은 여주 사는 언니의 존재감이다. 갑자기 사별의 아픔을 당한 동생을 위해 살뜰히 챙기는 마음은 마치 어미닭이 병아리를 품는 모습에 비유할 수가 있다.

힘내라고 번번이 보양식을 해 보내는가 하면 부산에서 경기도 땅까지 불러들여 보름 이상 한 달씩 데리고 있으며 마음의 공허를 채워주기 위해 다독이니 자매간이라기보다는 이미 팔순이 된 언니가 내겐 부모 같은 그늘이 되고 있다. 이십여 년 전 형부를 보낸 그 아픈 경험이 동생을 더욱 애잔하게 보살펴주는지도 모른다.

부생(浮生), 덧없는 인생살이. 사랑도 인연도 그 인연의 아름다움도, 한낮을 살다가 떠나는 풀꽃 같은 덧없음이다. 어느 부부든지 누군가는 한 사람을 먼저 보내게 된다. 생은 모두가 처음 경험하는 일. 노년에 겪는 사별의 쓸쓸함 앞에서 앞서의 갖가지 인간관계가 없다면 무슨 힘으로 버틸 수가 있을지, 아름다운 관계성 안의 모든 인연들이 슬픔의 단애를 이겨내는 큰 힘이 되고 있다. 사람의 빈자리를 무엇으로도 메우지 못하는 허허로움 앞에서 나는 내일도 누군가에게 연락을 하고 있을 것이다.

황혼의 노을 앞에서 참으로 사람이 그리운 때다.

산수 공부

새 아침이 열린다. 또 하루를 선물로 받았다. 날이 새면 제일 먼저 인사를 주고받는 진한 우정이 있다. 이럴 때 사이버 공간은 얼마나 고마운지 모른다. 차를 타지 않아도, 전화기 다이얼을 돌리지 않아도 손가락 하나로 밤새 문안을 주고받을 수 있으니 얼마나 편리한지. 갖가지 인생사를 서로 나누는 카톡 세상이다.

피 한 방울 섞이지 않았지만 혈육 이상으로 깊은 정을 나눌 수 있다는 건 살면서 만난 행운이 아닐지. 고리처럼 단단하게 결속된 세 여인의 진실된 정이 어우러져 '고리회'가 되었다. 시인 한 사람과 수필가 둘. 우리 세 사람의 우정은 병상에 홀로 누워 외로운 섬이 되어 있는 내게 그 둘이 문병을 오면서부터 시작되었다.

어느 날, 송도 바닷가 창유리 넓은 카페에는 푸른 바다 수평선이 한없이 펼쳐져 있었다. 처음으로 마주한 세 사람은 어느새 스스럼없이 신상 얘기를 나누고 있었다. 젊어서 자식을 잃은 참척의 슬픔도, 차마 누구에게도 말할 수 없었던 남편의 짙은 병고도, 가식 없이 주고받을 수 있었음은 함께 가는 문학과 신앙의 동류의식과 그로 인한 친밀감이 서로를 더 짙게 이해하고 받아들이고 있었음인지 몰랐다.

시련을 겪고 있는 사람들의 곤고한 심적 정황을 함께 나누며 그때부터 우리는 인생을 함께 가는 동반자로서, 황혼을 같이 걸어가는 허물없는 도반이 되었다.

한 번 보면 다시 잘 만나지지 않는 사람이 있고, 보고 또 만나도 더욱 더 보고 싶은 사람이 있다. 우리는 그 후자였다. 처음에는 한 달에 한 번 정도 만나다 차츰 그 한 달도 지루하게 느껴졌다.

만남의 시간에는 막내인 세나의 운전 봉사가 힘이 돼 주었다. 그도 손녀를 돌보는 바쁜 몸이었지만 셋의 우정을 위해 기꺼이 자투리 시간을 내주곤 했다. 사월 봄꽃이 흐드러질 때는 벚꽃 만발한 달맞이고개를 달리고, 한없는 파도가 넘실대는 해변에서 차를 마시며 아난티코브의 햇살에 등목을 하기도 했다. 이렇게 점차 우리는 시골집 토방 아랫목 같은 따스하고 깊은 정감을 함께 나누고 있었다.

정답지도 않은데 늙음이 같다는 이유만으로는 친구가 될 수는 없을 것이다. 마음의 허공을 그대로 둘지언정 아무것으로나 채울 수는 없는 일이다. 진정한 친구는 자신의 분신처럼 소중하다.

친구를 라틴어로는 '알테르 에고'라 했다. '제2의 자기'라는 뜻이란다. 우리의 만남은 남편의 갑작스런 사별과 자신의 병고로 스스로를 가눌 수조차 없도록 지쳐있는 내게 포근한 쉼터처럼 찾아와준 운명 같은 만남이었다. 그래서 서로가 서로를 아끼지 못해 안타까워하는 진한 우정을 간직하게 되었다.

세상에 아무것도 진정한 내 것은 없다. 다만 빌려 쓰다가 버리고 갈 뿐이다. 나눔이란 누군가에게 끝없는 관심을 기울이는 일. 그것을 알면서도 행함이 따르지 못함이 다반사인데 맏형인 L 시인은 맏이로서의 좋은 본보기가 되고 있다.

그는 스스로가 받는 것보다는 주는 것으로 행복을 느끼는 사람인데 오밀조밀 만날 때마다 적지 않은 사랑을 전하는 데는 아무도 그를 따를 재간이 없어 우리는 그를 '선물의 여왕'이라 부른다. 그보다 더한 그의 매력은 삶의 연륜에서 풍기는 은은한 노회함일 것이다.

아직은 젊어 물오른 생기를 느낄 수 있는 수필가인 막내는 항상 모임에 활력을 불어넣는다. 기동력을 제공하고 있으니 당연히 모임 날짜를 그의 시간에 맞추게 된다. 언니 둘은 그에 대해 아무런 이견이 없다.

중간인 나는? 날마다 충실한 소식으로 매개체 역할을 하는 활력소(?)라고나 할까.

좋은 친구, 그들이 있어 따뜻한 숭늉 한 모금 같은 온기를 나누며 인생이 외롭지 않다. 오늘이 가장 젊은 날이요, 이제 늙는 일밖에 안 남은 세 여인. 나이 들어감의 두뇌 활력을 위해 요즘은 새로운 한 가지 놀이에 도전하게 됐다. 바로 산수 공부다.

학교 때도 산수는 그런대로 성적이 좋았는데 요즘 배우는 이 공부는 꽤나 머리를 써야 하는 일이다. 알고 보니 나만 초보 입문자이지 두 사람은 고수의 내공을 갖고 있었다. 그러나 배우고 보니 관심과 재미가 있어 매번 놀이 때마다 꼴찌의 수업료를 감당하면서도 열심히 도전하고 있는데 꼴찌

수업료라 해봤자 하루 종일 놀아도 삼천 원이니 전혀 부담이 없다.

화투는 일본의 카드놀이인 '화찰'이 조선 시대 후기에 한반도로 전해져 변형된 것이라고 한다. 종류는 고스톱 섯다 민화투 도리짓고땡 육백 등 한국에서도 널리 행해지는 오락놀이지만 우리의 전공과목은 오로지 고스톱이다.

셋이서 시간을 즐기기엔 이만한 놀이도 없을뿐더러 남의 말 하지 않고 열심히 치매 예방에만 전념하니 그리 지탄 받을 일도 아니다. 그러나 계산을 해야 하니 머리를 써야 하는 일임에는 틀림이 없다. 예전에는 사행심이 있다 하여 화투놀이를 극구 멀리해 왔으나 노경에 이르러 뒤늦게야 입문하고 보니 나름의 재미와 관심이 있어 셋이서 가끔 놀이판을 벌이기도 한다.

삶은 순간에 우리를 스쳐 지나가는 바람이다. 누군가를 열심히 갈구해도 아무도 스스로의 가슴을 채워줄 수는 없으니 노령에는 보석 같은 친구가 제일 소중할 뿐이다. 어제는 흘러갔고 내일은 모르니 오로지 현재에만 충실하며 매사를 감사하며 살아갈 일이다. 만난 지 며칠 되지 않았건만 또다시 고리회의 만남이 기다려진다.

역사에 불꽃처럼 맞선 자들

아직 모른다. 누가 이 책을 보냈는지는. 며칠 전 우편으로 도착한 책 한 권은 발신인의 이름을 알 수가 없었다. 보낸 이가 알라딘이란 이름만 있을 뿐. 우선 책을 가끔 보내곤 하던 짐작 가는 지인에게 연락을 해본다. 그러나 책을 보낸 적이 없다는 거다. 제목은『역사에 불꽃처럼 맞선 자들』이다. 저자는 강부원.

이름도 제목도 생소했지만 내용에 이끌려 얼른 책상 위 독서대에 꽂고 읽어나가기 시작한다. 자신의 명예나 개인적인 영달을 버리고 이름 없이 노동운동, 사회 개혁 운동, 나라 위해 목숨 바친 독립운동, 민주화운동 등 드러나지 않는 일에 생을 바친 사람들의 이야기다. 저절로 내용에 관심이 간다.

일제의 심장을 겨눈 여성독립투사 남자현(1872-1933), 노동운동의 정점에서 싸운 고공 투쟁 노동자 강주룡(1901-1931), 한국 최초로 단발머리를 깎은 급진 여성해방주의자 허정숙(1902-1991) 등의 이름은 얼핏 듣기에 생소하지만 분명 이 땅을 살다 간 사회개혁주의자들의 살아있는 기록이다.

허정숙은 평생 단발로 살았다. 그녀의 단발머리 강행으로 신여성이라면, 혹은 여성 해방운동을 하는 사회 활동가라면 응당 단발은 필수적인 의례였다. 당시 여성의 단발은 가부장제하의 사회제도, 관습 도덕 등에 대한 반감과 저항의 태도를 보여주는 일이었다.

허정숙은 가장 급진적인 여성해방론 주창자이기도 했다. 그녀는 당대 최고의 민족변호사였던 허헌의 둘째 딸로 태어났다. 바깥에서는 자유와 평등 같은 혁명적인 사상을 설파하는 아버지였으나 가정에서의 아버지는 전근대 습속에 젖어있는 조선사회의 여느 가부장과 크게 다르지 않았다.

생계를 꾸리고 가족을 돌보는 가사노동은 온전히 어머니 몫이었으니 당시 조선 남성 사회주의자들이 보여줬던 모순적인 행동과 기만적 태도 등을 가장 가까운 거리에서 목격했다.

젊은 시절 나의 가정사도 마찬가지였다. 남편과 함께 가게를 운영했던 나 또한 그런 반감과 갈등을 많이 겪어온 터였다. 부부가 똑같이 종일 가게 일에 매달리다가 집에 오면 잡다한 가사노동은 모두 아내 몫이었다. 그때부터 밥 짓고 빨래, 청소에 또 매달리지만 남편은 그건 당연히 여자 일이니 참견 않는다는 듯 벌렁 드러눕는 일이 전부였다.

나의 가정생활에서도 그런 불평등과 부조리에 대한 반감이 많이 쌓이곤 했으니 허정숙의 여성해방운동은 실제 피부에 닿아오는 일이었다. 하기야 요즘의 신세대 가정에선 이런 부조리가 많이 개선되고 변화됐지만.

일본군 위안부 참상을 세계 최초로 공개 증언한 피해 여성 김학순(1922-1997)의 사연 또한 눈물겹다. 그녀는 일본 정부 재판부에서 '정정당당하게 사죄하고 배상하라.'고 죽기전까지 꾸준하게 주장했으나 아직도 한일간의 이 문제는 명쾌하게 풀리지 않고 있어 안타까운 일이다.

위안부 문제의 책임소재를 명확히 해 국가 간의 책임 문제로 공론화 하는데 기여한 김학순은 한국 근현대사를 통틀어 가장 헌신적이고 열정적인 여성 활동가였다.

한국 최초의 여성 변호사 이태영(1914-1998). 그녀 또한 평생을 '시기상조'란 말과 싸운 늦깎이 여성 법률가였다. 그의 일생엔 '최초'란 수식어가 따라다녔으니 한국에선 처음

'한국가정법률상담소'를 열어 이 땅의 열악했던 여성의 인권을 지키고자 노력한 법조인이었다.

가장 뜨거운 이름을 가진 노동자. 한진중공업의 해고직원으로 유례없는 309일간의 고공 농성을 벌였던 김진숙(1960-)의 투지와 열정은 눈물겹다. 대한민국 최초의 여자 용접공이었던 그녀는 해고 노동자들의 복직을 위해 끝까지 투쟁한 전사요 노동운동가였다. 김진숙이 쓴 『소금 꽃나무』는 이 시대 가장 뜨거운 이야기를 담고 있는 노동자의 수기이자 어려운 여건 속에서도 끝내 살아내려고 분투한 한 인간의 절창이기도 하다.

일본 천황을 암살하려 했던 아나키스트 혁명가 박열(1902-1974). 최악의 불령선인으로 불린 그는 일본인 연인 '가네코 후미코'와 함께 세상에 없던 무정부주의자 커플로 불리며 일제에 항거했다. 그들은 천황 암살의 죄목으로 일본 법정에서 사상범으로 23년간 장기복역하고 출소하게 된다. 그 후 1974년 북한에서 사망한 것으로 알려졌다.

벌거벗은 운명에 맞서 자유를 꿈꾼 문학소녀 전혜린(1934-1965)의 사연은 1960년대 고독한 영혼의 상징이었던 아픈 인생사를 잘 조명하고 있다.

명망가였던 아버지 전봉덕의 딸로 태어난 전혜린은 비교적 유복한 환경에서 자란다. 명석했던 그는 서울대 법대에 진학, 곧이어 독일 뮌헨의 슈바빙에 있는 뮌헨대학으로 유학을 떠난다.

유학 생활 5년 내내 예술가들의 마을로 불리던 슈바빙 거리를 걸으며 많을 예술적 영감을 얻게 된다. 그가 남긴 수필집 『그리고 아무 말도 하지 않았다』에는 유학 시절 느낀 청춘의 쓸쓸한 애환과 낯선 존재로서의 외로움, 부정한 세계를 살아가며 겪었던 내면의 갈등이 세밀하게 그려져 있다.

그러나 너무도 짧았던 생애. 절정의 시기인 서른 나이에 지인에게 "세코날 30알을 구했어."라는 말을 남기고는 수면

제 과용으로 요절하고 만다. 예쁘고 사랑스런 어린 딸을 남겨 두고 스스로 죽음을 택했다는 사실은 믿기지 않는 놀라운 소식으로 전해졌다. 그녀의 죽음은 생에 대한 마지막 저항인가, 굴복인가. 그 삶은 누구도 온전하게 설명할 수가 없다.

전혜린은 자신의 죽음을 통해 한국 사회가 해결하지 못한 탈식민의 과제와 가부장제의 모순, 계급 차별의 구조적 문제 따위를 동시에 고발한 것인지도 모른다.

누군가가 보낸 한 권의 책. 그 속에서 한 번뿐인 인생을 역사에 불꽃처럼 맞선 이들을 만나본다. 시대를 불문하고 용기 있는 이들의 삶을 통해 자신의 삶을 저절로 돌아보게도 된다. 그것이 바로 책이 주는 힘이 아닐까. 용기 있는 삶이란 어떤 것일까. 책을 덮고는 한동안 이 사회의 진정한 정의와 법과 질서에 대해 오래도록 생각에 잠긴다.

꼬꾸랑할매

오늘도 변함없이 선암사 숲길을 걷는다. 살랑이는 유월 바람이 울창한 나뭇잎들을 흔들고 하늘엔 구름 한 점 없는 쾌적한 날씨다. 걷기운동도 좋지만 바람 고개에 한적하게 앉아 바람과 구름을 바라보며 좋은 공기를 마시며 쉬는 이 시간이 나날이 산에 오르는 목적이기도 하다.

자연은 인간에게 아낌없이 베풀기만 하는 모성을 가졌다. 호흡할 때 공짜로 얻어지는 산소와 피톤치드는 일상에 지친 마음들을 연한 바람결처럼 보듬어주고 위무해 준다. 자연이 주는 모든 것, 바람과 물과 공기 흙, 이 모든 것들은 돈 주고는 살 수도 없는 것들이지만 돈보다 더한 가치로 인간의 생활을 지배한다.

산책길에 매일 마주치는 인상적인 모녀가 있다. 젊은이가 병약한 할머니 팔짱을 꼭 끼고 걷고 있는 것으로 봐서 시어머니는 아닌 것 같고 필시 몸이 아픈 친정엄마일 것이다. 서너 달 전 처음 볼 때보다 노모의 혈색도 좋아지고 발걸음도 힘이 들어 있어 보여 젊은 여인의 효성과 정성에 자꾸 눈길이 갔다,

허리가 약간 구부러지고 체격이 왜소한 그 할머니의 모습을 보며 문득 떠오르는 한 할머니가 스쳐 간다.

어린 시절 우리 집에는 살림을 돌봐주는 할머니가 있었다. 몸피가 들피지고 빼빼 말라 허리가 꼬부라진 그 할머니를 우리는 그냥 꼬꾸랑할매하고 불렀다. 어머니가 생계를 위해 장사 일에 매달렸으니 고만고만 커가는 자식들과 살림을 돌

볼 사람이 마땅찮았을 때 마침 동네에 떠돌이로 돌던 할머니를 만났던 것이다. 할머니는 왜소한 외모와 성치 않은 체격이었으나 살림살이 솜씨는 맵고도 야무졌다.

틈틈이 할머니는 닷새 만에 열리는 오일장에서 난전에 앉아 고춧가루 장사를 하기도 했다. 고무 대야에 고춧가루를 담아 작은 홉되에 담아 파는 보잘것없는 장사로 용돈 마련을 하는 모양이었다. 장터 구경이 신기했던 다섯 살배기 꼬마는 장날마다 할머니 곁에 쪼그리고 앉아 오가는 사람들을 구경하곤 했다.

그때 바로 옆에 떡 장사가 팔고 있던 찰떡이 얼마나 먹고 싶었는지, 할머니가 그걸 눈치 채시곤 노란 고물이 묻은 길다란 찰떡 하나를 사서는 내 손에 쥐여주었다. 그러면서 단단히 당부를 했다. "니 동생은 주지 말고 꼭 너 혼자 먹으래이." 하고는 몰래 전했는데 어쩌다 그 떡이 동생한테 들켜 미움을 받았던 일이 지금도 생생하다. 할머니가 왜 유독 나를 편애했던지는 아직도 의문으로 남아 있지만.

키가 자그맣고 유달리 체격도 작았던 할머니는 매사에 꼼꼼한 성격이었고 연만한 연세에도 살림 솜씨는 나무랄 데가 없었다. 장독대는 언제나 반질거렸고 부뚜막에는 먼지 하나 없었으며 살강에 얹어둔 그릇들은 항상 가지런하게 정돈돼 있었다. 나는 가끔씩 고사리손으로 할머니가 하는 일을 돕곤 했는데 그게 아마도 남다른 귀여움을 받던 이유가 됐는지는 모를 일이다.

우리 집에 오신 지 얼마나 됐을까. 연세도 고향도 우리는 몰랐으나 서서히 한식구로 묻어가고 있을 때 어느 날 뜻밖에도 우리는 할머니의 죽음을 목격하게 됐다. 그것은 내가 세상에 태어나서 처음으로 목격한 죽음의 모습이었다.

한겨울이라 방안에 놋 화로가 들여져 있을 때였다. 두꺼운 솜이불에 두세 명 형제들이 옹기종기 누워서 얘기를 나누고 있었는데 식은 화롯가에 한 손을 얹어놓고 있던 할머니의 손이 갑자기 스르르 미끄러져 내려 방바닥에 떨어졌다.

그러고 그뿐이었다. 방하착放下著, 한순간에 할머니는 생시인 듯 이 세상과의 손을 모두 놓아버린 것이었다. 애증도 원망도 미움도, 살아서 간직했던 모든 것들의 애착과 갈등에서 놓여난 것이었다. 차마 어린 우리들은 할머니의 굴곡진 인생의 끝이 그렇게도 단순하고 순간적인 것임을 알지 못했다.

조금 전까지도 도란도란 얘기를 나누던 할머니가 갑자기 아무 말이 없어 마구 흔들어 깨웠으나 끝내 할머니는 말문을 닫고 말았다. 사람의 끝이 그렇게 조용하고 허망할 수가. 세상의 마지막이 그렇게 담백할 수만 있다면. 늘그막의 지금 와서 생각해 보면 참으로 복된 죽음이었다.

이 동네 저 동네를 떠돌았으니 거처를 알 수도 없었으련만 어떻게 된 영문인지 장례식에는 두세 명의 자녀들이 나타났다. 버젓한 직업에 입성도 말끔했다. 자손들이 저렇게 멀쩡

한데 부모를 그렇게 내몰았다니. 뒤에서 나무라는 동네 어른들의 수군거림이 지금도 기억에 선연하게 남아 있다.

어리기만 했던 나는 봄철이면 새벽같이 일어나 감꽃을 주워다가 실에 정교하게 꿰어 목걸이를 만들어 할머니께 걸어드리곤 했는데 이제는 그 모든 것도 할 수 없다는 생각에 서럽게 서럽게 울기만 했다.

피천득 수필가는 어릴 때 양지바른 곳에 수염이 허연 노인네들이 긴 장죽을 물고 앉아있는 모습을 보고는 '노인'이란 종류의 사람이 따로 있는 줄 알았다고 썼다. 누군들 그런 경험이 없을까. 아니 어린 시절에 어찌 자신의 노후 모습을 상상이나 해볼 수 있었을까. 세월과 함께 늙어감이란 인생의 피할 수 없는 과정일 뿐 처음 늙어보는 일들이 낯설기만 한 것이 사실이다.

누구에게나 마지막은 온다. 성서 말씀처럼 그 날과 그 시각을 모를 뿐. 태어나면서부터 한 장의 기차표를 가지고 온 우리는 그저 현실에 순응하면서 현재를 기쁘게 감사하면서 살아야 할 것이다. 꼬꾸랑할매의 그날처럼 생의 마지막이 그렇게 고통 없이 순조로울 수만 있다면-.

4부

가보지 않은 길

'어머니'라는 숭고한 이름은 결코 거저 얻어지는 것이 아니며, 평생 삶의 무게를 두 어깨에 짊어진 '아버지'의 이름 또한 거룩함의 다른 이름이었다. 진정 가보지 않은 길은 가파른 산골 지인이 사는 오지마을에 있었다.

시간의 얼굴

참 많은 시간을 걸어왔다. 긴 여정인 것 같지만 짧은 낮잠처럼 순간이었던 것도 같다. 걸었다 쉬었다를 반복하는 동안은 그것의 주체가 시간이었던 걸 알지 못했다. 자아와 혼돈이 있을 뿐이었다. 순간이 이어져 영원이 되고 그 영원이 한 인간의 역사를 이루었다.

시간은 점선으로 이어진 길이다. 어느 날은 사선이었다가 좁혀진 길은 한곳으로 모아지기도 한다. 나무에게 있어 시간은 어떤 길일까. 초록이었다가 노랑이었고 갈색으로 변화하는 동안 나무의 한해살이는 끝이 난다. 태동했다가 성장하고 결국엔 부엽토로 돌아가는 그런 시간들. 그러나 나무는 시간의 역사를 묻지 않는다.

강물이 되기도 하는 시간. 골짜기의 시냇물이었다가 유장하게 흐르는 강물의 줄기가 되고, 침잠하는 호수였다가 대양으로 이어지기도 하는 물의 역사는 시간의 포용이 이루어내는 자연의 변화이기도 하다. 사람들은 강물 앞에서 물줄기의 흐름만 볼 뿐 그것들이 흘러온 시간의 역사를 알지 못한다.

옛것은 흘러가고 매 순간 새것을 잉태하지만 시간은 태어나자마자 옛날이 된다. 그렇다고 시간은 노인이 아니다. 시간의 얼굴은 이제 갓 태어난 분홍빛 아가의 얼굴이기도 하다. 자라고 커가고 늙어서 이윽고 사람마다에게 일생을 선물한다.

아득한 시간, 행운의 문은 자신을 향해서만 열려있는 줄 알았다. '슬플 때나 괴로울 때나' 하는 주례사에서도 사는 데 아플 일이 뭐가 있을까 하고 의아해 하던 천둥벌거숭이가 새삼 얼마나 철없고 어리석었던가를 깨우쳐 준 것도 시간이 준 지혜였다.

참으로 늪 같은 세월이 있었다. 수초가 뒤엉키고 발이 푹 푹 빠지는 개펄은 깊고도 멀어 끝이 보이지 않았다. 날이 새면 이자가 눈덩이처럼 불어나 잠에서 깨어나면 집채만 한 바위가 짓누르던 시절이었다. 더이상 날밤이 가지 않기를, 시간의 물레방아가 멈춰주기를 갈망하던 때였으나 흑암의 시기도 어떻게든 지나갔다. 살면서 겪어내는 신산이었다. 그러나 고통이든 환희든 어느 한순간도 쉬지 않고 시간은 누구에게나 공평하게 흘러가고 있다.

성치 못한 다리로 불편하게 산 지 삼 년째. 내년에는 온전해지려나 기대하지만 그 다가올 미래의 얼굴들을 나는 알지 못한다. 어느 날 불편함을 중얼대던 흰머리 승객인 내게 "마

그대로 사소." 라고 말하던 야속했던 택시기사의 말처럼 정말 이대로 끝까지 살아야 할지 어떤 날 문득 성하게 고쳐져 예전처럼 잘 걷게 될지는 시간, 그만이 알 일이다.

되돌릴 수 없는 시간이란 존재는 후진은 없고 전진만 할 줄 아는 기형적인 자동차다. 얼마나 좋으랴. 너처럼 냅다 앞으로만 갈 수 있다면. 후진 주차하다 접촉사고도 내지 않을 거고 좁고 후미진 길 뒷걸음으로 돌아 나와야 하는 두려움도 없을 것이다.

이처럼 많은 이야기를 가진 시간의 얼굴은 그렇게 너그럽지 못한 단점을 안고 있다. 화살촉같이 매정하게, 결코 되돌릴 수 없는 시공간을 향해서만 도도하게 흘러간다. 종국에는 내리게 될 시간의 열차는 헌 잎 떨어지고 새잎 돋아나듯 자연의 이치만큼이나 정확하게 초침을 째깍대고 있다. 지금 이 순간에도.

언젠가 백제 역사가 서린 공산성을 방문했을 때, 아득한 계단을 한 발 한 발 조심스레 내려오는 내 모습을 멀리서 어떤 이가 카메라에 담았다. 하기는 공주 방문이 세 번째였으나 매번 걸음이 자신 없어 오르지 못했으니 큰 용기를 낸 셈이었다. 용마가 새겨진 펄럭이는 갈색 깃발과 바람에 흔들리는 나뭇가지들, 하늘과 맞닿은 끝없는 계단에 홀로 선 한 장의 사진은 많은 생각을 가져왔다. 혼자 왔다가 결국엔 또 혼자 가는 외로운 삶의 모습을 그 순간의 포착이 말해주고 있었다.

우리 인생은 소중하다. 밖으로 향해 있는 마음의 방향을 내면으로 비추어 나의 존재가치를 스스로에게 물어볼 일이다. 한 편의 원고를 완성하기 위해 책상 위에서 오래도록 방치된 초고들을 바라볼 때마다 태만해진 자신의 생활 태도가 얼마나 부끄러웠던가. 무심코 텔레비전 바보상자에 오래도록 매달려 있던 모습은 또 얼마나 한심했던가.

시간을 아끼고 충실하면서 매 순간을 사랑할 일이다. 그리하여 “저만치 와 있는 이별이 정녕코 무섭지 않아.” 하고 시간에게 담담히 말할 수 있기를 바라게 된다.

가보지 않은 길

날이 새면 떠나야 한다. 창밖엔 어둠이 서성이고 있고 밤이 있다는 건 곧 아침이 온다는 말이다. 새날에는 모험이 기다리고 있다. 한번도 가본 적이 없는 낯선 길을 더듬어야 한다는 부담에 꿈에서는 미아가 되기도 한다. 운전을 하면서 생긴 울렁증은 초행길에 대한 두려움을 동반한다. 내비게이션이 믿을 게 못 되기에 더욱 그러하다. 내비가 있다 해도 그의 말을 듣고 가다 당혹한 적이 한두 번이던가.

빌딩 사이를 헤매는 해운대 이면도로는 번번이 당혹과 긴

장을 요구한다. 비슷한 골목의 사잇길을 몇 번 지나자 다행히 미디어센터가 나타났다. 주차 막대가 세워진 낯선 주차장을 두어 번 돌아 나와서였다. '휴~.' 길치인 내가 그래도 한숨 돌리게 되는 순간이다.

인생은 결국 낯선 곳에서 길을 찾아 헤매는 과정이다. 생의 어떤 역할도 처음부터 익숙한 사람은 없다. 어머니 태반에서 세상 바깥으로 나올 때부터 존재의 본질은 낯설음과 부딪치게 마련이다.

아버지는 처음부터 아버지가 아니요, 결혼해서 자식이 생기니 아버지요, 노인 또한 늙어본 적은 없되 자신의 의지와는 전혀 상관없이 다가오는 시간의 굴레 안에서 서서히 그 나이에 걸맞은 옷을 입어갈 뿐이다. 엘리베이터 안에서 어떤 소녀에게 처음으로 "할머니!" 하고 불렸을 때의 당혹감은 얼마나 생경했던가. 젊음이 자랑이 아니요, 늙음이 부끄러움도 아닐진대 나이 들면서 공연히 수그러듦은 세월에 대한 미안함인지도 모른다.

미지의 길. 역할 분담의 시작은 언제나 두려움을 동반한다. 남자를 처음 받아들일 때의 그 사금파리처럼 날카롭고 이질적이었던 기억이 나, 첫아이를 해산할 때의 무서웠던 진통과 아픔은 모두 세상과의 통과의례를 건너는 다리 역할이었다. '어머니'라는 숭고한 이름은 결코 거저 얻어지는 것이 아니며, 평생 삶의 무게를 두 어깨에 짊어진 '아버지'의 이름 또한 거룩함의 다른 이름이었다.

진정 가보지 않은 길은 가파른 산골 지인이 사는 오지마을에 있었다. 마을 입구에 선 그림으로 된 안내판에는 지리산 오봉마을에 사는 주민들 이름이 일일이 새겨져 있었다. 갈림길에 선 산골 이정표는 자주 봤으나 해발 구백 미터 첩첩 산중에 사는 아홉 가구 주민들의 함자를 친절하게도 새긴 지도는 처음 보는 만큼 정겹기도 했다. 일행들은 차에서 내려 하룻밤 묵을 주인장의 이름을 눈으로 확인하고 있었다.

오월 신록이 하늘을 뒤덮은 날, 모임에서의 봄 소풍을 회원 한 명이 산청에 있는 지리산 산골로 초대했다. 사륜구동 자동차는 유리창에 세차게 부딪는 잡목들의 가지를 헤치고 가파른 오르막을 넘고 또 넘었다. 짙은 녹음 사이를 뚫고 좁은 산길을 오르는 비경이 오래도록 이어지고 비에 씻긴 이팝나무 흰 꽃들은 바람에 흩날려 뽀얀 떡가루를 휘날린다. 진정 봄이 무르익은 풍경이다.

그의 집은 수백 미터 고지 청정지역에 자리 잡고 있었다. 상상했던 산골 오두막이 아니라 널따란 통유리 너머로 지리산의 운무가 한 폭 산수화가 되는 멋진 그림이 나그네를 반겨주어 크게 한번 심호흡을 한다.

산골에 어둠이 들었다. 깊은 산중 어둠은 소리도 없이 도둑처럼 빠르게 찾아들었다. 검은 보자기를 덮은 듯한 칠흑 같은 고요, 방금 눈앞에 펼쳐지던 겹겹의 능선들이 거짓말처럼 사라져 버렸다. 사방이 먹물을 뿌린 듯한 정적에 쌓이자 존재를 지켜오던 자아의 본질도 함께 우주 속의 한 개 점으로 잠식해 버렸다. 조명도 네온도 없는 산골의 밤은 그동안 불빛에 의지해 살아온 인간의 문명성을 확연하게 드러내고 있었다.

신부님을 모신 산촌에서의 조촐한 미사. 열몇 명의 신심이 한데 모아져 주일미사의 신비가 더욱 오롯한 빛을 내고 있었다. 깊은 산골로 숨어들었던 초대교회의 모습이 이러했을까. 통유리를 통해 눈앞에 펼쳐지는 거대한 운무와, 초록의 신록이 주는 자연의 신비가 박해시대의 신앙심을 떠올려보는 순간이었다.

머위며 산나물을 뜯으며 산골의 순수를 호흡할 때는 모두가 자연인이 되고 있었다. 자연이 우리에게 주는 것이 아니라 우리가 자연에 동화되는 순간이었다.

이튿날 아침, 자동차로 좀더 지대가 높은 곳으로 안내됐다. 집 주인장의 평소 산책코스였다. 자연 속에서 건강을 되찾은 그가 아름다운 비경을 보여주고 싶은 배려심이었다. 푸르른 신록 저 너머로 열두 폭 산 너울이 병풍처럼 펼쳐진다. 비경이다. 자연의 위대함은 저리도 방대한데 인간은 나날이 정해진 닭장 안에서 앙앙불락 생애를 보내고 있었구나.

숲이 주는 새벽의 정기는 또 다른 무위의 세계로 초대한다. 세상과 유리된 느낌이랄까. 지천에 생명이 숨쉬고 이야기가 숨어있는 곳. 신록은 어김없이 살아있다는 즐거움을 준다. 산에는 푸른 정기를 담으러 가고, 바다에는 깊은 슬픔을 던지러 간다고 했던가. 가끔씩 그대 마음 흔들릴 때는 침묵으로 깊은 강을 건너가는 한 그루 나무를 보라. 거기 사색하는 무수한 시간의 그림자들이 있다.

어느 하루 봄날, 가보지 않은 길의 순수한 발자국 하나가 무르익은 지리산 능선에 새겨지고 있었다. 진정 아름다운 길은 그러나 아직 가보지 않은 길이다. 그리고 궁극적으로 가보지 않은 길은 사후의 길이다. 우리는 모른다. 그 길을. 한 생애, 인간의 길은 미로와도 같은 알 수 없는 노정이다. 독일 철학자 '칼 야스퍼스'의 깨달음을 새겨본다.

'나는 왔구나. 온 곳을 모르면서
나는 있구나. 누구인지도 모르면서.
나는 가누나. 어디로 가는지도 모르면서.'

쉼터

오래 쓰던 회전의자가 다 낡았다. 양쪽에 팔걸이가 있는 편안했던 회색 의자가 앉을 때마다 삐걱대며 소리를 내고 좌우로 힘없이 흔들리기까지 한다. 손주 녀석들이 올 때마다 두툼한 할머니 전용 의자가 편안해 보였는지 서서 폴짝폴짝 뛰고 마구 돌려대곤 하더니 드디어 삐걱대기 시작한 것이다.

의자도 수명이 있다면 아마도 그 연치를 다하지 않았을까. 내 집에 온 지도 꽤 되었고 사용할 때는 귀한 줄을 몰랐으니 그동안 힘들었던 의자의 신음소리를 듣게 됐다.

동이 트기 전 신새벽에 일어나 단정히 앉아 기도할 때도, 티비나 책을 볼 때도, 전화를 할 때도 무심코 의지하던 의자였다. 더욱이 보행이 약간 편치 못한 요즘에는 특별히 자주 의지하곤 했기에 집안의 집기 중에선 애착 1호 물건이었는데 내가 모르는 사이 의자도 나와 같이 늙어간 것이다.

새로 구입하자니 가격도 만만치 않겠지만 이 넓은 세상 어디를 가야 맘에 드는 새 의자를 살 수 있을지도 막막한 일이었다. 생일선물로 의자를 바꿔주겠다던 아들 녀석은 어미더러 후딱 물건을 골라 가격을 알려주면 계좌이체만 하겠다는 바쁘신 몸이라~. 새로운 것을 산다는 일이 만만치 않게 된 심리가 문제이긴 하다. 어디에 가면 마음에 꼭 드는 편안한 의자가 있을까.

프랑스에는 힘들 때마다 안아 주는 포옹 의자가 있다고 한다. 공장에서 대량생산된 자폐인을 위해 고안된 의자라고 했다. 버튼을 누르면 네모난 의자 안쪽이 부풀어 저절로 안아 주듯 따뜻하게 포옹해주는 의자였다.

그렇게 기계화된 현대 상품의 이기를 들으면서 나는 왠지 법정 스님의 의자가 생각났다. 스님 가시고 불일암에 덜렁 혼자 남아있는 낡고 작은 나무의자. 스님 생전에 직접 나무를 깎아 만들었다는 그 의자는 주인과의 평온했던 가을 오후의 어느 날을 기억하고 있을까. 작은 것의 소중함과 함께 문득 지난 추억을 회상하게 한다.

내게도 편안했던 너럭바위 의자가 있었다. 통도사에서 아랫마을 신평으로 내려오던 평평한 황톳길 길목의 화장터 입구에 있던 그 넓고 편편했던 바위는 유년시절의 지난한 삶을 이겨내는 편안한 쉼터였다.

마른 낙엽이 유일한 땔감이었던 어린 시절, 대 갈퀴로 마른 소나무를 긁어모아 나무를 해오던 일이 겨울철의 중요한 일거리였다. 함께 나무를 하던 친구는 억척스레 갈빗 단을 여물게 잘도 만드는데 솜씨가 서툰 나는 더러 머리에 이고 오던 나뭇단이 쩍 갈라져 터지는 일도 있었다. 그럴 때도 이 넓적한 바위 쉼터에서 다시 나뭇단을 고르고 묶기도 했다.

힘겹게 머리에 이고 오던 나뭇짐을 내려놓고 걸터앉아 비로소 후유 하고 한숨 돌리곤 하던 너럭바위 의자. 그럴 때는 통도사를 오가는 여행객들이 무한히도 부럽던 시절이었다. 그 쉼터는 어린 시절 노동의 고행을 달래 주던 유일한 소파요 걸상이요 편안한 의자였다. 지금은 고향을 생각할 때마다 떠오르는 영혼의 휴식처가 되고 있는 곳이다.

허리가 아프면 의자만 보인다. 너무 넓은 서점에 가도, 길게 줄 서서 순서를 기다릴 때도 내 눈은 언제나 의자를 찾고 있다. 운동과 산책에도 의자가 있어야 함은 필수조건이 되고 있다. 선암사 숲길에도 군데군데 의자가 있어 자주 찾는 산책길이다. 목적지인 바람고개까지는 세 군데 나무의자가 있다.

처음에는 일행과 함께 세 군데 다 쉬어서 갔지만 최근에는 한 군데만 쉬어서 갈 수가 있으니 나무와 바람과 숲이 그만큼 건강과 힐링을 선물해준 셈이다.

어린 시절의 자주 쉬어 가던 의자는 만자 언니였다. 언니 친구였던 그 언니는 동생이 없어 나를 참 귀애해 주었는데 갈 때마다 우리 집에는 없던 귀한 과자며 맛있는 과일을 챙겨주곤 했다. '참 착하기도 하지.' '어쩌면 그렇게 공부를 잘해?' 등등 언제나 격려와 칭찬도 아끼지 않았던 그 언니는 내가 피곤하고 힘들 때마다 자주 찾아가던 편안한 안락의자였다.

나는 누군가에게 편안한 의자가 되어준 적이 있었던가. 살아가면서 푸근히 쉬고 싶을 때, 육신이 힘들 때 누군가 찾아와서 포근히 쉬어 갈 수 있는 부담 없는 의자가 되어 줘 본 적이 있는지를 가끔씩 생각한다.

물론 지친 몸을 의지할 수 있는 물리적인 의자도 있겠지만 따뜻한 말 한마디로 마음을 위로해줄 수 있는 정신적인 의자가 되어주는 일은 삶의 길목에서 자주 필요한 일이다.

지난 주일 어느 날, 미사 시간을 앞둔 성전에서였다. 친분이 좀 서름했던 한 자매가 내 손목을 잡고는 한적한 자리로 이끌었다. 그는 조용히 봉투를 건네며 조심스레 말했다. “부부간에 농담도 그렇게 잘 통하고 재미있게 사시던 분이 어떻게 그리 가셨는지요. 뒤늦게 알았지만 연미사 한 대 봉헌하시라고요.”

간절한 그의 눈빛에 나는 문득 눈시울이 촉촉해져 옴을 느꼈다. 남편과의 하늘길 이별이 삼 년이 다 됐는데도 그의 지극한 위로의 어조가 너무 간절하게 다가왔기 때문이다. 누군가에게 푸근한 의자가 되어준다는 일은 무슨 거창하고 큰 일이 아니라 이렇듯 일상 안에서 작은 감동을 주는 일이 아닐까.

나의 고장난 의자를 교체하는 일과 지친 영혼에 위안을 줄 수 있는 마음의 의자가 되어주는 일이 함께 필요한 시점이다. 이 가을, 넉넉한 마음으로 상처받은 이웃이 없는지 돌아볼 일이다.

석남사 다시 가던 날

적막이 물러간 자리에 서서히 가을이 오고 있었다. 한여름의 매미 소리가 숲을 메우더니 이내 또 풀숲의 잡목들이 붉은 기운을 내비친다. 석남사로 오르는 길, 소나무 우거진 한적한 오솔길이 이른 가을을 만나러 온 사람들을 침묵으로 맞이한다. 길을 마주치던 비구니 한 분이 두 손 모아 합장한다. 고요한 인사다.

암자로 오르는 널찍한 오솔길엔 중간중간 의자가 놓여있다. 걸음이 자유롭지 못한 이들을 위한 고마운 배려다. 딸네 가족과 함께 오르지 못한 나는 여러 번 쉬면서 천천히 오른다. 쉬었다 걸었다를 반복하면서 나무들의 소리를 듣는다. 솔바람 소리에 나무들끼리 부딪는 소리가 참 평화롭다. 절이 거의 보일 무렵 손주들과 우리 가족이 보인다. 내려올 땐 쉬지 않고 단숨에 걸어왔다. 아픈 다리보다는 의지가 우선임을 보인 것일까. 내리막이니 수월해서일 것이다.

내겐 특별한 의미를 간직한 석남사. 미혼 시절에 단짝 친구는 가족이 모두 보살계를 받은 독실한 불교 신자였다. 통도사 절 밑에서 자란 나도 자연스레 거의 주말마다 퇴근하면 석남사에 머물렀고 그때는 항상 곱게 생긴 얼굴에 비녀 머리를 한 그의 모친도 와 있었다.

그날은 사월초파일이었다. 비구니 도량인 석남사엔 사방에 연등이 흔들리고 정갈한 사찰 분위기와 함께 많은 인파로 북적이고 있었다. 오후 경에 내가 도착했을 때는 옆에 웬 남자를 동행하고 있었다. 올드미스였던 딸의 혼인을 걱정하던 친구 모친은 혹여 내가 결혼할 배우자와 같이 온 줄 알고는 반색을 하며 반겼다. 사실은 그게 전혀 아니었는데도…. 후일 남편이 된 그 남자와는 그날 처음 만난 사이였고 전혀 뜻밖의 상황으로 거기까지 가게 된 거였다.

인연이란 무엇일까. 그것은 우연일까 필연일까. 어쩌면 인연은 우연이란 이름으로 직조된 필연의 천인지도 모른다. 그와 내가 만난 것도 전혀 우연에서 일어난 일이었다. 어느 날 나는 단지 그의 매장에 물건을 사러 간 고객이었을 뿐이니까. 눈에 보이지 않는 인연의 실타래는 시간의 틈새를 타고 운명의 이름으로 우리 곁을 스친다.

매장에 필요한 일로 내 연락처를 묻는 그에게 함께 간 짓궂은 친구가 쪽지를 건넸다. 매장의 샘플을 위한 일이라는 간절한 그의 부탁을 들어주기 위한 내 작은 동정심이 만남의 약속까지 하게 됐다. 그 만남의 첫날에 전혀 엉뚱하게도 그는 대구의 자기 집으로 나를 데리고 간 것이다.

그 서먹하고 놀라웠던 기억. 갑자기 들이닥친 그의 친척들 가족들. 말 한마디 못하고 나는 동물원의 원숭이가 된 기분이었다. 아마도 결혼할 사람을 데리고 온 줄 알았던지 요모조모 살펴보며 수군대기도 했다. 청바지 차림의 내가 당황하거나 화를 낼 여가도 없이 얼마 만에야 해방돼 나올 수 있었다. 석가 탄신일, 그 남자는 석남사에서 기다리는 친구와의 약속을 지켜주기 위해 함께 석남사를 동행하게 된 거였다.

봄은 산사의 뜰에서 졸고 있었고 산천에 가득한 수목들은 푸른 빛을 한껏 내뿜고 있을 때였다. 그 후 몇 년, 우여곡절 끝에 그 일이 결혼으로 이어졌다. 석남사는 이렇게 우리 부부를 이어준 만남의 장소였다.

근 오십 년 세월이 훌쩍 흐른 후 석남사를 찾은 뜻깊은 날이었으나 혼자 가슴에 간직할 뿐 건강이 여의치 못한 나는 절 입구까지 오르지 못했다. 마음안에서 많은 이야기들이 오갔다. 사람이 세월과 함께 변화되고 늙고 노화한다는 것. 청춘의 푸르른 날들이 어제인 듯한데.

직장생활의 절친이었던 그 정 양은 지금 어디 살고 있을까. 서로 소식도 모른 채 반백 년의 세월을 건너뛰었다. 김해 시청에 근무한다는 소식을 끝으로 서로 근황을 모르고 있으니 산다는 건 그만큼 팍팍한 일인 걸까.

그녀는 재간둥이였다. 자그만 체구에 명랑 쾌활한 성격, 탁구 솜씨가 일품이었다. 휴게시간 탁구장은 핑퐁 하나로 날아다니는 선수였고 일 처리 능력 또한 탁월해서 수백 명 도청 직원 중에서도 누구에게 뒤처지는 법이 없었다.

평생을 함께한 남편과의 인연 또한 그녀로 인한 것이었으니 그의 순발력과 재치가 아니었다면 우리는 그저 한순간 스치는 바람에 불과했을 것이다. 무슨 일에나 적극적이었던 그 성격이 부부의 인연까지 맺게 했으니 삶이란 참으로 알 수 없는 일이기도 하다.

두고 오는 석남사. 해 지는 산사 오솔길에는 푸르스름한 초가을 어둠이 소리 없이 내리고 있었다.

소풍 가는 길

촉촉이 봄비가 내린다. 겨우내 얼었던 땅을 녹이는 부드러운 수액이다. 대지에서 움트는 새싹들이 일제히 기지개를 켠다. 꽃비의 기별이다.

비 오시는 날은 사방 대기도 흐리게 가라앉는데 언니의 소풍 나들이 길은 이런 가는 비쯤이야 아랑곳하지 않는다.

어둑시근한 새벽에 일어나 목욕재계하고 공들여 화장을 한다. 계절 옷 중에서는 제일 좋은 옷으로 입고 마지막으로 장신구를 챙긴다. 혹여 귀걸이가 마음에 안 들 때는 몇 번이고 거울 앞에서 이것저것 바꿔 달아본다. 팔순을 넘긴 나이에도 외출 시에는 한겨울에도 스커트 차림이다. 암병동 외래 환자들의 괴로운 모습들을 보며 언니는 자신만이라도 최선의 성장을 하고 밝은 표정을 짓고 싶은 것인지도 모른다.

아득한 신작로. 먼지 폴폴 날리는 시골버스는 하루에 몇 번씩만 다닌다. 정류소의 낡은 나무의자에 앉아 길모퉁이를 돌아오는 노선버스를 하염없이 기다리다 보면 흙먼지가 덮쳐 곱게 단장한 매무새는 또 한 번 분칠을 하게 한다. 여름엔 염천과 맞서고 겨울엔 북풍한설을 이겨낸다. 그 세월이 육 년이다.

소풍 길의 정점은 차를 네 번을 갈아타고 나서야 목적지에 도착한다. 인적조차 드문 여주 산골에서 신촌 세브란스병원까지는 시간상으로나 교통편으로나 결코 쉬운 일이 아니다. 전날부터 잠을 설치고도 새벽부터 시작된 소풍 나들이 채비는 한낮이 돼서야 담당 의사와 대면하게 된다. 단 오 분 정도의 짧은 진료 순간을 위해 언니는 이틀을 소진하면서 마음준비를 한다. 한적한 시골살이의 유일한 나들잇길. 멀고도 힘든 병원행을 언니는 해를 거듭하면서 소풍 가듯이 공들이며 기다리는 것이다.

우리 몸도 기계와 마찬가지로 소모품이니 나이 들어 몸에 병이 없기를 바라지 말라 했는데 매번 언니를 보면서 많은 것을 생각하게 한다. 결코 가볍지 않은 이름의 중병을 저렇듯 깍듯하게 대접하고 관리하니 고령에도 거뜬히 이겨내고 있는 게 아닌가 하고.

가끔씩 폐부를 찌르는 통증에도 표정 없이 참아내면서 웬만한 고통쯤은 감내하고 사는 언니가 인내심이 약한 나를 종종 무색하게 한다. 세상에 병의 종류는 많고 많지만 그걸 받아들이고 관리하는 사람의 의지나 마음 자세는 천차만별인 듯하다.

하기야 남편도 그렇긴 했다. 주기적으로 입원해 항암치료를 받으러 갈 때만 해도 며칠 전부터 빨간 캐리어 가방을 챙기면서 소풍날을 기다리듯 대기하는 마음이었다. 나라면 병원 가는 일이 두렵고 싫을 텐데 순명하듯 입원날짜를 기다리던 그 사람은 그것이 최선이라고 여겼기 때문이었을까.

병상의 아침 여덟 시는 간밤의 안부를 묻는 시각이었다. 병원 창 너머로는 울창한 수목과 함께 아침 햇살이 눈부시게 비치고 있었다.

"간밤에 잠은 좀 잤나요?" "조금."

"지금은 어디가 불편해요?" "다 아파."

말을 아끼는 그가 어디랄 것 없이 다 아프다고 했을 때는 하룻밤을 지새우는 일이 얼마나 고통스러웠을까. 그래도 그때는 남편이란 존재가 이 세상에서 사라진다는 사실까지는 생각지도 못하고 있었다.

당시에 나 역시 수술한 몸이라 간병할 처지가 못 돼 따로 간병인을 쓰고 있는 입장이었는데 지금 생각하면 그때 단

하루라도 곁에서 지키지 못했음이 커다란 자책으로 남아온다. 그나마 불편한 몸으로도 하루도 빠짐없이 문병하던 안타까운 발걸음. 간병인에게 간밤의 용태를 전해 듣고 복도 벽에 기대서서 흐느끼던 소리 없는 눈물. 이제는 그마저도 그리운 시간 속에 멀어져 갔다. 삶은 소풍일진대 그나마 한 바퀴 꿈결처럼 지나가는 행락길이다.

초연하게 병고를 받아들이는 사람들을 보면 나는 때때로 많은 생각을 하게 된다. 병원 나들이는 언제나 두려움이다. 예약된 병원 날짜를 기다리며 나 또한 마뜩잖은 병원 길을 소풍 길로 바꿀 수는 없을까 하고. 매사는 마음먹기 나름인데도 병고 앞에 관대하지 못한 자신의 소심한 마음은 언제나 소인배의 범주를 벗어나지 못한다.

사람의 인품이나 성정은 제각각이어서 똑같은 세파 앞에서도 받아들이는 정도의 차이는 만 가지로 차이가 난다. 며칠 전 티브이를 보다가 인상적인 한 여인을 만난 적이 있다.

시한부 말기 암 환자인 어머니의 일상을 그 아들이 사진과 영상으로 나날이 기록하는 다큐 프로였다. 매 순간을 기록하는 아들의 효심과 정성도 돋보였지만 놀라운 건 그 어머니의 마지막 남은 삶을 대하는 생각과 마음이었다.

선천적으로 낙천적인 성격인지 카메라를 의식한 탓인지는 몰라도 화면 속의 그녀는 언제나 웃고 있었다. "아침에 일어날 때는 기분이 제일 좋아요. 새소리를 듣는 것도 기적이고 꽃을 바라볼 수 있음도, 걸어 다닐 수 있음도, 모두가 기적이에요. 비 오는 날은 비가 와서 좋고 맑은 날은 맑은 날대로 좋았어요."

평범한 이 말이 마지막을 바라보는 한 여인의 시선을 통해 큰 울림으로 다가왔다. 누구나, 언제나 저렇듯 어떤 절망적인 삶 앞에서도 긍정적으로 밝게 바라볼 수 있다면 한세상 소풍 길이 그리 어둡지만은 않을 것이다. 그러나 누구나 그렇게 실천하기란 쉬운 일이 아니다.

언니의 병고를 대접하는 숭고한 자세와 소풍 가듯 가볍게 입원 가방을 챙기던 남편의 모습과, 시한부 짧은 생의 순간에도 밝은 웃음을 멈추지 않던 여인의 영상이 나약한 지표 앞에서 곧잘 흔들리곤 하는 내 삶의 대단한 스승들이다.

목요 데이트

허리 수술로 몸에 적신호가 오고부터는 집 뒷산을 오르지 못했다. 오르막과 계단 걷는 일이 불가능하니 몇 번 동네 지인이랑 시도하다가는 너무 번거로워 포기하고 말았다. 그 세월이 오륙 년이다. 그 허전함을 메꿔주는 게 선암사 임도 숲길이다.

봄이면 진달래와 때죽나무 매화 찔레꽃이 만발하고 오붓한 오솔길과 속삭이는 듯한 잔솔밭 길이 있는 뒷산 약수터 길이 꿈에서도 나타났다.

당연하게 여기던 예전의 일상이 그리워질 때면 백양산 날다람쥐라 일컫던 동료들의 호칭이 무색해지곤 했다.

아침마다 옥수 약수터를 오르던 동년배 친구 셋이 어울려 어느 해인가 '옥수 카페'를 열었던 때가 있었다. 늦봄이었지. 인성이는 뜨끈한 감자를 삶아 캐리어에 밀고 올라왔고 순자는 남편과 함께 막걸리와 부추전을 가져왔다.

처음부터의 프로그램 기획과 홍보는 내 담당이었다. 산 오름 중간중간에는 카페 날짜와 프로그램 일정을 만들어 나무에다 붙이고 아침마다 만나는 옥수 약수터 지인들께는 미리 공지를 하기도 했다.

행사 당일, 운동기구가 있는 공터 여백에는 붓글씨 족자가 바람에 일렁이고 있었고 색소폰을 배우고 있던 친구 남편은 서투르나마 멋진 연주를 해주었다.

준비한 몇 편의 시 낭송도 자발적인 참여로 순조롭게 끝이 났다.

한국인은 흥의 민족이 아니던가. 어디든 전을 벌이기만 해 놓으면 너도나도 흥겨워 어깨를 들썩인다. 나뭇가지를 마이크 삼아 한두 사람 나와서 노래를 부르기 시작하자 서로 질세라 한 곡씩 절창을 불러대곤 했다.

공연이 끝나자 준비한 막걸리와 음식은 새벽 산의 만찬과 흥을 버무리기에 적당했다. 누군가가 앞으로 해마다 2회, 3회의 카페 행사를 열자고 했으나 그 계획은 후일 무산되고 말았으니 이제는 한 시절 젊은 날의 추억으로만 남게 됐다. 사람이든 자연이든 환경이든 모든 것은 때가 있기 마련이다.

건강을 잃은 후 친구와 함께 약수터를 향한 걸음을 간신히 시도해 보았다. 그러나 그것은 마음 욕심이었을 뿐 몸이 따라주지 않았다. 평소에 느끼지 못했던 오르막과 계단은 왜 그리 많은지, 가파른 내리막 또한 두려움의 대상이었다. 결국 매일 가던 산행을 포기하고는 다른 방법을 찾기로 했다.

운전 거리로 십 분 거리, 자동차가 다니는 길이 있는 선암사 임도에서 걷기운동을 시작했다. 널찍한 평지 길과 오래된 숲이 바람과 함께 손짓하는 선암사 숲길은 건강회복을 위한 내게는 최적의 장소였다.

신라 문무왕 시절 원효대사가 창건했다는 선암사는 옛날부터 물과 공기가 좋고 산세와 터전이 널찍해 신라의 국선 화랑들이 수련을 한 곳이라 하여 이름이 선암사로 지어졌다고 전해진다.

나는 불자가 아닌데도 항상 열려있는 대웅전 법당을 지나칠 때마다 "부처님, 저 지나갑니다." 하고 합장배례를 하며 나도 모르게 인사를 드린다. 도량에 들어왔다는 일종의 신고 의례가 마음에 평안을 가져다 주기 때문이다.

매주 목요일 오후, 일정한 시각에 오르는 숲길에는 항시 같은 짝꿍이 동행하게 된다. 함께하면 마음이 편안한 친구, 길 건너 아파트에 사는 친구는 나의 좋은 운동 파트너이다. 마음에 조급함이 없고 나눔에 넉넉한 그는 늦깎이 공부를 시작해 학교를 다니고 있지만 목요일 오후 시간은 기꺼이 운동시간으로 비워둔다.

하루 전날인 수요일이면 언제나 울리는 카톡의 울림. “내일 목요 데이트. 3시에 만나요” 산길 오르는 길목에 있는 그의 아파트 앞에서 정확한 시간에 그를 태우고 이내 숲길로 스며든다. 같은 문인이요 동년배인 그녀는 노래 부르기를 좋아해 걸음 자국마다 부르는 멜로디에 나 또한 스며든다.

한번은 산행길에 부슬비가 내리기 시작했다. 우산도 없는 그녀는 태연하게 예의 그 느릿한 걸음걸이로 노래를 부르고 있었다. 저 여유는 어디에서 오는 것일까. 인간은 처음부터 만들어질 때 인성과 품격이 미리 만들어져 나오는 것일까. 종종걸음을 치던 나도 덩달아 천천히 걸으며 빗소리와 아랑곳없이 그의 노래를 같이 흥얼거리게 된다.

어깨너머로 소슬한 유월 바람이 지나간다. 지나가는 바람은 내 삶의 일면이기도 하다. 소소리바람, 태풍, 미풍, 생의 바람결을 스치는 바람들은 한결같이 크고 작은 생채기를 내며 황량한 내면의 뜰을 노크하기도 했다.

숲에서 바람이 인다. 초록색 잔가지들이 한들한들 바람의 결에 따라 몸을 맡긴 모습들은 아무런 저항도 없이 삶의 궤적이 이끄는 대로 따라 사는 인생이랑 너무도 닮아있다.

바람고개에 다다른다. 산길 중반 삼거리에 있는 고갯길에는 언제나 소슬한 바람이 머무르고 있다. 손님맞이를 위해 말간 바람에 씻긴 채 언제나 그 자리에 있는 서너 개의 의자. 허리가 아프면 의자만 보인다더니 내 눈은 멀리서도 어느 쪽 의자가 비어있는지를 염탐꾼처럼 살핀다.

여기까지 잘도 걸어왔구나. 이제는 내려가야 할 시간. 어릴 적 해 질 녘까지 동무들과 놀다가 엄마가 외는 정다운 소리. "그만 놀고 어서 와 밥 먹어."

산길도 내려가고 인생도 내려가야 할 시간이다.

알라딘에 가보셨나요

창 너머로 봄을 부르는 부슬비가 내리고 있었다. 문우와 함께하는 맛깔스런 점심식사, 젓가락이 분주히 오간다. 부지런히 글을 쓰지 못하는 나는 건강이 여의치 못한데도 놀라울 정도로 열심히 책 읽기와 작품 활동을 하는 그가 부러워 마음으로 격려를 보내며 바라본다. 몇 달이 돼도 옳은 작품 한 편 구사하지 못하는 나는 일주일에 두어 편의 수필을 줄곧 쓰고 있는 그가 경이로울 뿐이다.

식사 후 찻집을 생각했는데 그가 의외로 "알라딘에 갈까요?" 한다. 근처에 있었지만 봄비도 오락가락하고 걸을 만한 날씨는 아닌데–. 그러나 흔쾌히 동의한다. 한 번도 가보진 않았지만 아들한테 들어서 헌책방 알라딘에 대한 궁금증도 있었기 때문이다.

보수동 책방 거리와 달리 알라딘은 꽤 넓은 공간을 확보하고 있었다. 시중의 대형서점 못지않은 서적 진열대는 끝이 보이지 않았지만 코로나 영향으로 그 넓은 공간에 의자 하나도 보이지 않음이 낭패였다. 허리가 아프면 의자만 보인다. 허리 수술 후 보행이 아직 자유롭지 못한 내겐 적지 않은 복병이었다. 어떤 책을 고를 것인가.

우선 눈에 들어오는 대로 성석제의 산문집 하나를 집었다. 제목은 『소풍』이었지만 내용은 음식 기행이었다. 좋아하는 음식을 찾아서 맛을 본다는 건 바로 소풍 같은 일이기 때문인지도 몰랐다. 선 채로 김치에 관한 추억과 단상을 읽어보면서 문득 김장의 기억을 떠올리고 있었다.

새댁이 김장을 스무 번 하면 중년이 된다는데 하단에 살던 주택에서 나는 스무 번의 김장을 해냈다. 통배추를 사다가 소금에 절이는 일부터 시작되는 김장은 연중행사이지만 해마다 만만한 작업은 아니었다. 배추 망에서 옮기는 일부터 쪼개는 작업은 더욱 힘들어 칼질하고 소금물에 담그는 일은 언제나 남편 몫이었다.

배추가 하루 동안 숨죽기를 기다리면서는 양념을 버무리는 일이 그해 김장김치의 맛을 좌우한다. 찹쌀풀에 멸치액젓 새우젓 까나리액젓을 버무리고 빛깔 고운 영양고추와 다진 마늘을 넣어준다. 우리 집은 달리 고명을 넣지 않는데 다시물은 쇠고기 양지머리를 고아서 넣는다. 이는 친정엄마로부터 전수된 것인데 칠팔월 한여름이 돼도 김치에 군내가 나지 않고 담백하고 깊은 맛이 나기 때문이다.

어느 해에는 굴이 든 김장김치가 유독 맛있었던지 죽죽 찢은 김치 접시를 앞에 놓고 아쉬운 듯 "김치야, 내일 다시 만나자.” 하던 남편의 음성이 전설처럼 귓가에 맴돌고 있다. 모두가 옛날 일, 지나간 일은 다시 되돌아오지 않는다. 그때 그 김치 맛도, 가버린 남편도.

나는 유독 곰삭은 신김치를 좋아해서 어릴 적부터 언니들이 김장 후에는 동생의 입맛을 위해 양푼에 담은 김치를 부뚜막에 따로 보관하곤 했었다. 봄날에 양재기를 들고 이웃에 삭은 묵은 김치를 얻으러 다니던 언니들의 흔적도 소중한 추억으로 남게 됐다.

언젠가 신문에서 성석제의 「갱죽」이란 산문을 인상 깊게 읽은 적이 있다. 유년시절 내게도 그 갱죽의 맛이 잊히지 않은 미각으로 남아있다. 그것은 서럽고 아련한 기억이다. 올망졸망 식구는 많고 먹을 것이 풍족하지 못했던 시절 앞치마를 두른 어머니는 곧잘 시래기죽(갱죽)을 끓여내곤 했었다.

식은밥과 남은 반찬에 시래기를 숭덩숭덩 썰어 가마솥에

넣고 반드시 김치와 멸치가 더 들어갔다. 그 몇 마리 든 멸치의 맛이 갱죽의 맛을 구수하고 감칠맛 나게 만들었던 것이다. 뜨거운 갱죽을 후후 불며 대접을 비우면 짧은 겨울 해가 어둠을 불러왔다.

갱죽은 맛있었다. 흔치 않았던 굵은 멸치 덕에다 몇 가지 먹다 남은 반찬과 밥알의 걸쭉한 맛이 어울려 어린 남매들은 두둑이 배를 채우고도 긴 겨울밤을 지낼 수 있는 포만감을 가져왔다. 요즘같이 먹을거리가 풍족한 시대에 이 갱죽을 끓여주면 아이들은 쳐다보기나 할까.

그 시절 명절이나 소풍은 동심으로 기다리던 최대의 축제였다. 설빔으로 지어주신 호박단 노랑 저고리 빨간 치마를 몇 번이나 만져보고 장롱 속에 개켜두고는 고운 옷 입을 날을 손꼽아 기다리던 일은 이제 티 없는 동심의 아련한 추억이 됐다.

단발머리 시절 소풍은 주로 통도사로 갔다. 계란 같은 고

급 메뉴는 상상도 못하고, 어머니는 장에서 산 노란 찐쌀과 삶은 고구마를 함께 넣어주곤 했다. 나중에 종이를 풀어보면 말랑한 고구마에 찐쌀이 달라붙어 고사리 같은 손으로 그걸 떼 내고 먹는 것도 일이었다.

초등학교 일학년 때였을까. 어머니는 헝겊 주머니에서 십 원을 호기 있게 꺼내주시며 오 원을 사이다 한 병 사 먹고 오 원은 남겨오라고 했다. 지엄한 영을 받들어 나는 돌아와서 오 원을 어머님께 내밀었다. 어머님의 말은 그 시절 곧 법이었으니까.

알라딘에서 책을 한 권 사고는 음식 이야기와 소풍에 관한 추억으로 빗나간 이야기가 됐다. 시간 날 때면 가끔은 헌책방에 들러 흘러간 시간들을 되새김해보는 일도 좋을 것이다.

쓰나미의 물결

육 개월을 앓았다. 그중에 절반인 삼 개월은 천장만 보며 꼼짝없이 누워지내야 했다. 척추 수술의 고통보다 더 깊었던 아픔은 마음을 앓아야 한다는 거였다. 때로는 모든 현실을 부정하고 싶기도 했다. 남편의 와병도, 나의 갑작스러운 수술도. 이 모든 것은 그러나 현실이었다.

투병 기간 동안 마음에 가장 선명하게 남은 것은 수술의 고통도, 외로움과의 싸움도 아닌 요양병원의 새벽이었다. 입원 병동에서 옮겨간 물색 좋은 요양병원은 그러나 장사치의 경제활동에 불과했다. 모든 행정은 환자들보다 병원 입장이었고 돈벌이의 개념 앞에선 가차 없이 냉혹했다. 경험하지 못했던 세상의 새벽을 나는 거기서 또 체험하고 있었다.

새벽이면 잠들지 못하는 환우들은 나만이 아니었다. 이름대로 재활병원이다 보니 복도에서 마주치는 환자복의 그들은 모두가 성한 걸음이 없었다. 걷기연습을 하는 나 역시 절름발이였다.

못내 긴 밤의 시간을 견디기 힘들어 네 시경이면 어김없이 일어나 긴 복도의 모퉁이를 걷는 그들은 한결같은 무표정이었다. 그들이 어떤 인생을 살아왔건, 어떻게 병을 만났든지, 그 이력은 무용했다.

재활병원에서의 그들은 인격도 주권도 없이 그냥 사람이기보다는 움직이는 사물에 불과했는지도 모른다. 목례도 없이 무감각한 그들에게 내가 먼저 인사하기로 했다. 그 인사는 마주치면 그저 미소를 보이는 거였다. 하루 이틀이 지나자 반응이 왔다. 온화한 표정의 아주머니 한 분은 점차 "안녕하세요?" 하는 인사말도 건네 왔다.

매일 새벽 마주치는 그들 중에 인상적인 젊은이가 있었다. 준수한 외모에 비해 심하게 다리를 저는 그 걸음과 젊음이 내 마음을 아리게 했다. 새 운동화가 생겼다며 해맑게 자랑하는 그런 날엔 더욱 그랬다. 아마도 부모의 마음에서였을까.

내가 입원하던 날, 병실의 옆자리 어머니는 말년의 친정어머니를 너무 닮아있어 흠칫 놀라기도 했다. 선하게 웃는 동그란 눈매와 빗어 넘긴 비녀 머리가 정감을 일으켜 나는 손을 마주잡고 "어머니." 하며 인사를 건넸다.

그러나 여든여덟 할머니는 병실에 그저 유리되고 있었다. 그렇게도 집을 그리고 있건만 자녀들은 아무도 퇴원을 허락하지 않았다. 물론 그들에겐 생활이 있고 늙은 어머니가 짐이 될 수도 있으니 나무랄 수도 없는 노릇이긴 하다. 어머니의 노후는 자식들이 추렴한 얼마간의 지폐로서 산속 고려장이 아닌 현대판 빌딩 안에 유폐되고 있을 뿐이었다.

동갑내기 옆자리 할머니라고 별반 다를 건 없는 입장이었다. 시골에 있는 아들이 멀쩡한 집을 팔아버리고 노모를 병원에 모셨다. 시름은 더욱 깊어져 명절에도 오지 않는 아들을 기다리다 속병이 나 버렸다. 물도 마시지 않은 삭정이 같은 할머니를 위해 옆지기 환우들이 해줄 일은 아무것도 없었다.

이름 그대로 요양을 위해 한 달 예정으로 입원했던 나는 열이틀 만에 그 병원을 나오고 말았다. 가선 안 되는 곳이 그곳이라는 경험 하나를 안고서.

반년 만에 펜을 잡았다. 그런데 원래의 의도와는 다르게 나는 왜 요양병원의 쓰디쓴 기억만을 떠올리고 있을까. 어쩌면 쓰나미처럼 갑자기 덮친 불운을 들추고 싶지 않아서가 아닐까. 아니면 퍼붓는 홍수가 시작이 있으면 끝이 있듯 어두운 날들도 끝 지점에 다다라서일까.

외롭지 않은 투병 생활은 어디에도 없다. 문병객도, 지인들도 고마운 동참객이었으나 육신이라는 이 신체는 오로지 내 것일 뿐, 그 누구도 대신 아파줄 수는 없는 일이다. 통증이 쓰린 기나긴 밤도 외로움과 싸우는 시간의 수많은 조각보들은 모두가 혼자만의 몫일 뿐이다.

사람들은 저마다 자신의 별을 만나기 위해 일생 노력하고 헤매기도 한다. 그러나 밤하늘에 찬란히 빛나는 샛별은 반짝 나타났다가 어느새 사라져 버리곤 한다. 어느 순간 만족할 만한 반짝이는 큰 별을 만났던가 하면 어느새 또 다른 별을 찾아 나서곤 한다.

모든 것은 지나가고 있다. 겨울 햇살이 나른하게 비추는 식탁 위에도 우리의 남은 시간들이 흐르고 있다. 지금 이 순간, 제일 젊은 이 순간을 위해 충실하게 감사하며 살아야 할

의무만이 앞으로 지켜나갈 엄격한 잣대로서 우리를 지켜보고 있다. 삶은 그래서 위대한 것이다.

5부

영혼의 친구

우정은 하느님의 선물이다. 욕심도 계산도 없는 순수한 친교는 이성 간의 애정보다는 한결 담백하고 우월한 인간관계다. 이 상실의 시대에 마음 깊은 곳에 영혼의 짝 하나 둔다는 일은 의미 있고도 그윽한 일이다.

영혼의 친구

로쏘(rosso)에 갔다. 흰 파도가 검게 솟은 바위에 끊임없이 부딪쳐 솟아오른다. 녹색 바다 빛은 부서지는 파도를 머금어 쉴 새 없이 포효하고 울부짖는다. 집채만 한 파도가 몰려와도 바위는 끄떡없이 그 자리에 선 채 미동도 않는다. 한 치 원망이나 아픔도 없이.

커피 집 로쏘는 평일이라 한산한 채 성시를 이루던 한여름 휴가철의 소요를 그리워한다. 바닷가에 연한 이 찻집을 방문하기 위해 한 시간을 달려, 더러는 외지에서 먼 길을 달려 찾아오기도 한다. 구수한 빵이나 커피 맛 때문일까. 그것은 아닐 것이다. 허연 이빨을 드러낸 채 사시사철 부딪치는 저 힘찬 파도를 보러 올 것이다. 겨울 바다는 낡은 영혼에 생기를 불러일으킨다.

우뚝우뚝 선 현무암의 바위가 없다면 밀려왔다 밀려가는 흰 파도의 위용이 살아나지 않는다. 오래도록 세찬 파도의 군무를 말없이 바라보고 있자니 문득 키 재기를 하고 우뚝 선 바위들이 바로 우리네 인생이라는 생각이 들었다. 아무리 거센 파도가 내리쳐도 의연하게 이마로 받아내고 서 있는 바위는 바로 풍랑에 시달려도 살아내야 하는 인생이 아닌지. 사람 살이도 시련 앞에 버티는 인내요 용기요 끝없는 투신이기 때문이다.

우리는 끊임없는 관계 속에서 살아간다. 가족 친척 친구 동료. 이 관계들이 행복해야 진정한 삶의 행복이 있다. 혼자 행복한 것은 그리 오래가지 않는다. 관계의 기본 마음가짐은 사람 한 명 한 명을 난로 다루듯 해야 한다는 것이다. 그러기 위해서는 스스로가 따뜻한 난로가 돼야 할 것이다.

사랑이 사랑을 낳듯이 내가 먼저 사랑이 되어야 하지 않을까. 하지만 그것은 쉽고도 어려운 일이다. 우리 각자는 한 그루의 큰 나무들. 지친 길손에 쉼터가 되어줄 수 있다면 이 사회는, 인간관계는 더욱 따뜻해지지 않을까.

이성이 아닌데도 늘 보고 싶고 그리운 친구가 있다. 영혼의 동반자처럼 마음속에 자리 잡아 떠날 줄을 모른다. 그도 나처럼 나를 생각할까. 그런 것은 개의치 않는다. 조용한 성품에 나긋한 음성으로 대화할 때 소통의 마음 길을 걷는다. 책 이야기 신앙 이야기에 공감대가 있어 그와의 시간은 항상 푸근하고 충만하다.

오늘은 그가 나를 초대한 날이다. '로쏘'는 이태리어로 '붉은'이라는 뜻도 있다니 아마도 갈색 커피와도 연관이 있을 터이다. 그는 블루마운틴을, 나는 페퍼민트를 마신다. 은발의 두 여인은 오래도록 창밖의 하얀 포말을 바라보다가 조용히 일어선다. 신이 허락한 행복한 시간이 흐른다.

척추 수술로 몇 달간 집에서 천장 바라기하며 외로운 시간을 보내고 있을 때 어느 날 문득 그가 찾아왔다. 사전 약속도 아니었으니 애타게 기다리던 방문도 아니었다. 어느 것에도 매이기를 싫어하는 그녀의 성품다웠다. 수도자처럼 조용히 기도하며 위로의 말을 전하는 그에게서 인간적인 향기가 배어 나왔다. 그날의 친교가 내 영혼에 오래도록 머무르고 있었다.

범어사 아랫마을에 '봄날'이라는 한식집이 있다. 통나무로 된 장식에 음식으로 시를 쓰는 주인의 개성이 돋보이는 상차림이 다시 또 방문하게 만드는 그런 식당이었다. 늦가을 단풍이 굽잇길 돌아 반겨주는 농익은 가을날에 둘은 한끼 밥상을 마주했다. 아마도 단풍드라이브 이후라 그 날 소찬들이 더 맛깔스러웠는지도 몰랐다.

친구 사이의 만남에는 서로 영혼의 메아리를 주고받을 수 있어야 할 것이다. 물리적인 거리감보다는 멀리 떨어져 있어도 마음의 그림자처럼 함께할 수 있는 그런 사이가 좋은 친구이다. 또한 만남에 그리움이 따르지 않는다면 이내 그 관계는 시들해지고 말 것이다.

우정은 하느님의 선물이다. 욕심도 계산도 없는 순수한 친교는 이성 간의 애정보다는 한결 담백하고 우월한 인간관계다. 해 질 녘, 깊은 밤, 불시에 찾아드는 맑은 정은 살면서 추구해야 할 값진 보물이다.

그녀와는 물고기와 물의 관계처럼 떼려고 해도 뗄 수 없는 수어지교水漁之交도 아니요, 어릴 때부터 대나무 말을 같이 타고 놀며 자란 죽마고우竹馬故友도 아니련만 그저 안 보면 보고 싶고 마음 깊은 곳에서 아련히 살아있는 지란지교芝蘭之交 같은 친구라고나 할까.

법정 스님 말씀처럼 "누가 내 인생을 만들어 주는가. 내가 내 인생을 만들어 갈 뿐이다. 그런 의미에서 인간은 고독한 존재이다. 저마다 자기 그림자를 거느리고 휘적휘적 지평선 위를 걸어가고 있지 않은가." 그러나 혼자이되 혼자이고 싶지 않은 그 마음 하나가 우정을 그리워하고 누군가를 만나게 된다.

이 상실의 시대에 마음 깊은 곳에 영혼의 짝 하나 둔다는 일은 의미 있고도 그윽한 일이다. 그러나 아무리 좋은 사이라도 늘 한데 어울려 치대다 보면 범속해질 수밖에 없다. 사람과 사람 사이에는 그리움과 아쉬움이 받쳐주어야 신선감을 지속할 수 있다.

또한 좋은 만남에는 향기로운 여운이 돌아야 할 것이다. 그 향기로운 여운으로 멀리 떨어져 있어도 함께 공존할 수 있다. 만나고 헤어질 때마다 다시 또 그윽한 만남이 그리워지는 관계.

그도 나처럼 똑같은 마음일까. 아마도 그러기를 바라고 싶다.

옥수에 가고 싶다

창밖을 바라본다. 비에 젖은 아까시 잎새들이 바람에 일렁이는 한여름 하오다. 한 달 이상 오래 지속된 장마 탓에 옹벽 위 잡목들은 습기의 무게를 견디지 못해 바람의 군무에도 그 일렁임이 느슨하고 차분하다. 천천히 일렁이는 나뭇가지들도 아마 오랜 장마에 지친 듯하다.

옥수 약수터에 못 간 지도 일 년이 넘었다. 새벽마다 오르던 그 오솔길 잔가지들은 내 발자국을 기억하고 있을까. 허리 수술의 후유증을 이기려면 아직 좀 더 기다려야 할 텐데 내 마음엔 이미 옥수의 시원한 바람과 정자 그늘이 가득 차 있다. 복병은 수많은 계단과 오르막길이다. 이십 분 남짓한 그 길인데도 산은 산이라 경사진 곳이 많아 엄두를 내지 못하고 있다. 코로나19의 복병과 겹쳐 집콕을 하면서도 마음은 산천을 날아 '옥수 카페'의 그날을 회상하고 있다.

오월 창공에 새소리는 드높이 지저귀고 맑은 하늘에는 구름이 두둥실 흐르고 있었다. 산이 좋아 산에 모인 사람들, 날이 새면 만나는 새벽 지인들을 모아 어느 날 산중카페를 열기로 했다. 약수터 넓은 공터, 따뜻한 차가 있고 음악과 시와 정이 있는데다 자연보다 좋은 병풍은 따로 없기 때문이었다.

'옥수 카페를 아시나요.' 나는 매직팬으로 쓱쓱 초안을 잡아 적기 시작했다. 일시 장소를 정하고 색소폰과 하모니카 연주가 있으니 배경음악도 갖춘 셈이다. 백양산을 사랑하는 사람이면 누구나 초대했고 정을 담은 다과도 있노라 공지했다. 공지문이 산 중간마다 붙여졌다, 뜻을 맞춘 두 아우까지 있으니 양 날개를 단 셈이다.

새벽 산에는 나날이 좋은 이웃들이 마주치지만 개인의 사생활에 대해선 묻지 않는다. 각자 걸어온 길과 지닌 재능까지는 알 수 없지만 오래 지나다 보면 알아지는 게 또한 삶의 이력이다.

꽃 진 자리에 잎이 돋아나 산속엔 녹음이 무성했다. 접동새 하늘에 울고 오월 바람은 연한 굴참나무 잎을 살랑살랑 스치고 지나갔다. 산속에 색소폰 연주가 울려 퍼지자 새벽 산행에 나섰던 걸음들이 하나둘 모여들기 시작했다. 옥수 약수터는 금세 축제 분위기에 젖어 소나무 우듬지에 둥지를 튼 새들도 무슨 일인가 귀를 쫑긋 세웠다.

진행은 자작시 낭송과 음악 연주, 노래 순이었지만 배낭을 멘 주부들이 너나 없이 나가 떨리는 음성으로 복사된 시편들을 낭송했다. 평소 내면에 잠재된 흥과 끼에 성냥불을 그은 것, 그래서 우리 삶의 정서에는 가끔씩의 일탈이 필요했다.

옥수 카페는 성공적이었다. 백양산에 메아리친 문화의 향기, 어설픈 이웃끼리 만나 설익은 정을 나누었지만 함께 공유한다는 참여의식으로 표정들은 한껏 행복해 보였다.

서실에 나가던 나는 다음 카페 행사에는 멋진 서예작품들도 잡목이나 솔가지에 드문드문 매달아 산천에 은은한 묵향도 스몄으면 했는데 그러나 사정이 여의치 않아 이벤트는 한 번에 그치고 말았다. 그것은 십 년 가까운 세월이 흐른 지금까지도 아쉬움으로 남게 됐다.

옥수로 오르는 길은 두 갈래가 있다. 낮고 조붓하게 잡목이 우거진 순한 오솔길이 있고, 약간은 경사가 심한 오르막 계단길이 있는데 봄이면 매화가 피어나는 오솔길을 자주 걸어가곤 했다.

아직도 병원에선 평지 걷기를 권하고 있고 나 자신 계단

길은 힘들기 때문에 이제 옥수 약수터는 꿈의 산행이 되고 있다. 그러나 의지 하나를 앞세운 신념으로 꼭 오를 수 있는 날이 오리라 믿고 있다.

오늘 아침에도 아파트 놀이터를 부지런히 걷는다. 새 움에 물이 차오르듯 언젠가는 허약한 다리 걸음에도 튼실한 근육 힘이 생기리라 믿으며. 옛말하며 오솔길을 천천히 올라 약수를 마실 날은 꼭 오고야 말 것이다.

의식儀式을 치르며

제대 위의 촛불이 켜지고 성전 조명도 밝아진다. 미사가 시작되는 시각, 침묵과 함께 경건한 기운이 감돈다. 보이지 않는 신께 제사를 올리는 미사예절이야말로 일상 안에서 행하는 최대의 의식행위가 아닐까.

입당송과 함께 전례력에 따른 제의를 입은 사제가 입장한다. "내 탓이오. 내 탓이오, 내 큰 탓이로소이다." 하고 반성하는 예절과 함께 미사가 시작된다. 말씀의 전례가 이어지면 복음 낭독이 있고 그날 복음을 해설하는 신부님의 강론을 통해 또다시 지혜와 힘을 얻는다. 인간의 우매함, 불민함 등이 말씀 안에서 깨달음과 뉘우침을 얻는 순간이다.

이어지는 성찬의 전례, 예수님의 살과 피를 높이 받든 거양성체를 통해 주님의 성체를 영하는 영성체 예절로 미사는 정점에 이른다. 사제가 높이 받든 제병은 그분의 살이 되고 포도주는 피가 되는 성변화는 미사를 통한 성체의 신비가 아닐 수 없다.

평화의 인사와 함께 신자들의 친교와 화합을 위한 인사를 나눈 후 빵의 모습으로 내 안에 오신 그분께 찬미와 영광을 드리며 잠시 침묵기도를 바치는 영성체 예절은 미사전례의 핵심이라고 할 수 있다.

의식을 치르는 일은 군대의 행렬이나 의례를 갖추어 행하는 일정한 방식이나 거룩한 미사예절에만 있음이 아니라 일상생활 안에서도 매일 행해지고 있다. 새로운 하루를 맞이하기 위한 엄연한 의식행위. 내겐 세 가지 구분으로 행해지는 매일의 질서가 있다.

새벽의 미명 속에서 제일 먼저 행하는 의식은 새벽기도가 1단계가 된다. 어둠이 채 가시지 않은 새벽 다섯 시. 어김없이 일어나 양치와 머리빗기로 마음을 단정히 하고 십자고상 앞에 앉는다. 홀로 보이지 않는 신과 독대하는 시간이다.

매일 드리는 침묵기도는 코로나의 종식을 시작으로 남편 바렌티노의 영혼 구원을 위해, 그리고 개인의 지향과 기도가 필요한 이웃을 위해 간절한 마음으로 간구한다. 마음속 지향을 모두 담은 묵주기도를 성모님과 함께 드릴 때 새벽의 서기와 우주의 기운을 함께 느낄 수가 있다.

기도는 간절한 마음이다. 시편기도인 그날의 성무일도를 바치면 기도가 끝나는 시각, 이것이 새벽기도의 순서가 되고 있다. 누가 시키지 않아도 어김없이 정해진 시각이면 내 영혼을 일깨우는 그분은 누구실까.

어둠 속에서 오롯이 홀로 드리는 신과의 대화. 이것은 남편이 가고 난 후에 생긴 기도의 습관이다. 살 만큼 살면 병과의 친구는 당연지사다. 몸 여기저기서 신호가 오고 성치 못하게 되면 건강에 대해 마음이 쓰이게 된다. 자리에서 일어나기 전, 2단계 의식은 누운 자리에서 시작하는 자리 운동이다.

혈액순환을 위해 가볍게 팔다리 털기를 시작으로 다리 근육 힘주기, 자주 저리기만 하는 손가락 마디 운동, 그리고 팔과 어깨를 비롯해 림프선까지 고루고루 두드려준다. 기계가 고장나기 전의 예방운동이라고나 할까. 뒷목 주무르기와 머리 두드리기의 과정을 끝내면 대략 삼십 분 정도가 소요될 것이다.

마지막 3단계 의식이 바로 중요한 걷기운동인데 집에서 맨손체조를 미리하고 바깥으로 나갈 채비를 차린다. 최근 모 티비 방송에서 일본의 장수촌을 탐방한 적이 있었다. 거기서 본 일본 노인들도 매일 아침 맨손체조를 하고 있었는데 놀랍게도 내가 하고 있는 순서와 동작이 똑같은 거였다. 아마도 일제교육의 잔재가 아닌가 싶었다.

겨울 한파나 비가 올 때는 실내에서 걷기도 하지만 대부분 밖에 나가 아파트 놀이터를 걸으면 비로소 어둠이 서서히 걷히고 새아침이 밝아오기 시작한다. 새벽의 걷기운동은 사오십 년 된 생활습관이라 날이 새면 자동적으로 밖으로 나가게 된다.

근육강화를 위한 맨손 체조와 걷기운동은 허리수술 후 더욱 빠질 수 없는 순서가 되었다. 새 날을 맞이하기 위한 이 세 가지의 엄연한 질서는 이제 내 생활에 빠질 수 없는 하나의 의식절차가 되고 있다.

의식을 치른다는 일은 정해진 규율이나 의례에만 있지는 않다. 한 생명을 잉태하기 위한 임산부의 열 달 간의 태교의 정성은 여인으로서 행할 수 있는 가장 존엄한 의식행위일 것이다. 혼례나 장례의식은 더욱 전통적인 의식이요 절차이기도 하다.

하루를 맞이하기 위해 어둠이 가시지 않은 신새벽부터 시작되는 나날의 의식행위. 새로운 하루라는 선물은 이렇게 나날이 반복되는 의식절차를 통해서만이 내게로 와 주는 것이다. 하루하루는 거저 와 주는 것이 아니라 이렇게 정해진 절차를 통과해야만 비로소 새로운 시간과 만나게 된다. 하루를 산다는 것은 바로 신비의 연속이 아닌가.

이십 년 만의 초대

새벽어둠이 아직 어슴프레하게 다 걷히지도 않았다. 시골이라 아침을 깨우는 계명성이 멀리서 들려온다. 어젯밤 먼 길을 달려와 짐을 풀었지만 아침형인 나는 정해진 새벽 시간이면 어김없이 일어나게 된다.

간단한 체조를 마친 아침 산책길은 부연 안개와 함께한다. 남한강을 인접한 고장이라 새벽 시간이면 거의 매일 흐릿한 안개가 시야를 가린다는데 오늘도 예외는 아니다. 초대받은 손님, 언니 댁에 동행한 방문객은 아직도 잠에 빠져있을 시간에 혼자서 타박타박 들길을 걸어 익숙한 저수지 길도 한 바퀴 돌아오는 상쾌한 산책길을 걷는다. 들길에서 스미는 순수한 바람 내음, 하늘가를 나는 새들의 날갯짓도 함께하는 아침이다.

정이 많은 사람, 언니는 무슨 생각으로 이십 년 전에 딱 한 번 본 사람을 집으로 초대했을까. 그것도 양쪽이 다 홀로 된 몸인 황혼 녘에 와서.

정신세계에 깊이 각인된 사람도 아니고 특별한 추억이 있는 것도 아닌데 단순한 인간의 따스한 본성이 언니의 마음을 움직였을 것이다. 이 동생의 어떤 행사장에서 단 한 번 축사를 하던 그분의 모습을 보았을 뿐인데 기억의 창고에 여태 저장을 하고 있었던 것일까.

원래가 정이 많은 사람이긴 했다. 다른 사람이 생각지도 못한 마음으로 정을 베풀어 상대방을 감동하게 하는 게 언니의 본성이기는 했다. 얼마 전에 당한 사별의 아픔을 위로하고 싶다며 그분에게 따스한 밥 한끼 대접하고 싶다는 선의의 초대였다.

이 동생을 통한 뜻밖의 초대에 선뜻 응한 그분의 마음 내킴 또한 고마운 일이었다. 가까운 거리가 아닌 먼 길을 나선다는 일도 쉬운 일은 아니었건만 햇살 좋은 가을날 우리는 언니를 만나기 위한 여행길에 올랐다.

경기도의 한적한 시골에서 전원주택을 가꾸고 사는 언니 집은 고령에도 마당의 잔디며 갖가지 식물과 꽃들이 정갈하게 정돈돼 있었다. 평소의 원의 대로 공기 좋은 시골 근교에서 조용한 노후의 삶을 보내고 있던 언니는 초대손님을 정겨운 마음으로 맞이했다.

정이란 마음 깊은 곳에서 끌어내는 따스함이다. 언니는 그 정의 무게가 화수분처럼 솟아올라 그칠 줄을 몰랐다. 집에 배달 온 택배 직원이나 마트에서 배달 온 기사 양반도 그냥 보내는 일이 없었다. 반드시 차 한 잔이라도 대접해서 보내곤 했다.

한여름 집 앞에서 일하고 있는 공공근로자들에겐 냉커피를 받쳐 들고 나갔으며 하다못해 화초들이 예쁘다며 집구경을 들어온 낯선 길손들에게도 정성껏 음료수를 대접했다. 그러니 한번 스친 사람은 누구나 언니를 기억하게 하는 힘이 있었다. 그것은 누구나 생각할 수는 있어도 아무나 할 수는 없는 일이다.

이웃과의 교제나 친분은 말할 것도 없었으니 언니의 주변은 항상 넉넉하고 따뜻했다. 이렇듯 순수한 인간의 정은 우리 삶의 훈훈한 활력소요 향기로 번진다.

하기는 사랑이란 받는 쪽보다는 주는 쪽이 더 행복하다. 나눔에는 푸근한 인간 본연의 따스함이 있기에 누구든지 일상에서 경험했을 것이다. 언젠가 언니의 과중한 치과 비용에 작은 도움이나마 됐을 때의 그 뿌듯했던 체험은 늘 언니에게 받기만 했던 내게도 훈훈한 행복감으로 남아있다.

길잡이인 나를 앞세우고 두 사람은 여행길에 나선다. 신륵사는 여주의 오래된 고찰이다. 절의 넓은 도량을 지키고 선 육백 년 된 향나무의 기운이 사찰의 위용을 자랑하고 섰다. 청도 운문사의 처진 소나무를 연상케 하는 고목 앞에서 오래도록 발길을 떼지 못한다. 사찰 경내에 노을빛 황혼이 비스듬히 머문다.

노을도 황혼이요 지키고 선 노후의 인연도 황혼이다. 마음 하나 일으킴은 구름 한 점 일어남이요, 마음 하나 접는다는 것은 구름 한 점 사라짐이라 했다. 사그라지는 가을 들녘에서 마주선 두 그루 은행나무처럼 두 분의 인연이 아름다운 기억으로 남을지라도 이십 년 만의 특별한 초대는 생의 한 페이지에서 오래도록 흔치 않은 추억으로 남을 것이다.

장맛비

여름 장마다. 보통 칠월부터 시작되는 우기가 올해는 유월 초부터 빨리 왔다. 그만큼 칠팔월의 찜통더위가 더 길어지리라는 예감이다. 비 오면 비를 맞고 눈 오면 눈을 맞고 인간은 자연의 변화에 순응할 뿐이다.

다만 생각을 바꾸어 비가 와도 감사, 눈이 와도 감사, 필요에 의한 것이 아니라 주어진 환경에 고개 숙이며 감사의 마음을 전하는 수밖에 없다. 한 달 가까운 장맛비 탓에 온 집안이 공기를 쥐어짜면 물기가 뚝뚝 흐를 듯이 눅눅하다. 에

어컨의 실내청정기를 틀어놔도 피부에 달라붙는 습기는 어쩔 수가 없다.

이 와중에도 투병 중이던 부인을 잃은 스승님의 슬픔을 생각한다. 극심한 장맛비 속에서도 그날 하루는 반짝 햇빛을 보여주어 문상객들의 걸음을 지켜주었으니 평소 온화하던 사모님의 성품을 보여주는 듯했다. 팔순이든 구순이든 배우자를 잃는 상실감이야 다를 수가 없으니 남은 세월 스승님의 안위를 빌어볼 뿐이다.

또한 염천에 무릎 수술을 하고 꼼짝없이 병원에 누운 친구를 생각하며 장맛비를 무사히 잘 견뎌 쾌유를 비는 마음이다. 평소 숲길 걷기의 짝지였던 그가 병원에 있으니 나 또한 산에를 가지 못한 지 한참이다. 어떠한 고난 속에서도 삶의 형태는 멈추지 않고 흐르고 있다.

해마다 반복되는 오랜 장마와 폭우의 피해는 올해라고 예외는 아니다. 한 달이 넘게 내린 거센 폭우에 많은 인명피해

와 자연 재해를 가져왔다. 전국적으로 축구장 삼만여 개의 산사태가 나고 수많은 농작물과 가축이 물에 잠기고 말았다. 항공과 철도의 운행이 중단되고 계속되는 장대비로 수많은 이재민과 수해 피해가 났다.

2023년의 두 달간 계속된 유례없는 폭우로 전국적인 인명 피해가 오십여 명에 이르고 있으니 기록적인 피해 상황이다.

토사가 휩쓸고 간 주거지는 황토와 함께 폐허가 되고 백 년에 한 번 쏟아질 폭우가 한꺼번에 내렸으니 언제 이 장마가 그칠 지 알 수가 없다.

와중에도 슬픈 소식은 수해민 구조를 하다 물살에 휩쓸려 희생된 스무 살 젊은 해병대 군인의 안타까운 희생이다. 그 귀한 아들은 부모가 십여 년 동안 시험관시술로 낳은 생명인데 부모의 통곡을 보는 뉴스 화면이 눈물을 적시게 한다.

또 부산에선 학장천에서 실종된 한 명의 여인이 있었다.

그날은 초복이라 복지센터에서 받은 삼계탕을 손에 든 채 집으로 가는 징검다리를 건너다 미끄러져 급류에 휩쓸리고 만 것이다. 자녀의 혼삿날을 앞둔 터라 시신이라도 찾게 해 달라는 남편의 애끓는 눈물이 화면을 스쳐 보는 이의 마음을 애타게 한다. 제발 흔적이라도 찾을 수 있기를 비는 마음 간절하다.

어린 시절의 기억에 깊게 각인된 사라호 태풍이 휩쓴 것도 추석날이었다. 칠팔 세 꼬마였던 나는 차례상을 물리치고 무섭게 쏟아지는 폭우 속에서 언니들을 따라가 물난리를 구경하고 있었다. 초산다리를 범람한 흙탕물로 돼지와 베개들이 둥둥 떠내려오고 있었다. 삶의 모든 기반이 무너진 그 모습은 삶에서 최초로 목격한 무서운 풍경이었다.

언니 친구 집이 물가에 있었는데 마침 그 댁 식구들은 감나무 위에 올라가 애타게 손을 흔들며 구조를 기다리고 있었다. 힘센 마을의 장정들이 굵은 밧줄로 서로 연결해 거센 물결을 헤치며 다가갔다. 언덕 위에서 그 광경을 지켜보던 우리들은 얼마나 애를 태웠는지. 다행히 던져진 밧줄을 잡고 그 가족들이 모두 구조됐을 때 우리는 눈물을 흘리며 박수를 보냈다.

잊을 수 없는 수해의 기억은 추억 저 멀리서 아련히 존재한다. 열댓 살 사춘기 시절, 춘천 언니 집에 가 있던 적이 있었다. 양장점을 하던 언니 댁 미싱사의 남동생은 당시 고등학생이었는데 자주 드나들며 책을 좋아하던 나와는 서로 책을 돌려가며 읽곤 하였다. 얼굴이 해맑고 말수가 적은 소년이었다.

그의 집은 소양강 건너에 있었다. 그해 여름, 장대비가 쏟아지던 날이었다. 우연히 그가 놓고 간 책을 열어본 나는 곱게 접어진 종이 한 장을 발견했다.

거기엔 단 한 줄, "너는 너무 황홀했다."라고 씌어 있었다. 갑자기 가슴이 두근거리기 시작했다. 외로웠던 타지 생활을 하던 사춘기 소녀는 난생처음 받아본 러브레터에 그 분홍빛 감정을 어쩌지 못하고 쏟아지는 폭우 속을 그저 무연히 바깥을 바라보고 있었다. 이렇듯 오래전에 기억하는 소녀적 첫사랑의 감정도 장맛비와 함께였다.

어느 해 여름이었던가. 지리산으로 휴가를 떠났을 때였다. 그해 여름에도 장맛비가 여행 내내 서성이고 있었다. 가족과 함께 묵은 숙소인 펜션이 마침 계곡물 바로 옆이었다. 밤새 폭포는 흘러내리고 그칠 줄 모르는 폭우에 천둥소리가 멈추지 않았다. 그런데 그것은 천둥소리가 아니라 깊은 계곡의 급류 속에 돌 굴러가는 소리였다. 어쨌든 여름밤을 내내 천둥소리와 함께 하얗게 밤을 새운 잊지 못할 휴가의 기억이었다.

여름은 그 무성함 속에서도 하루하루 잘도 흘러간다. 자고 나면 풀이 자라고 꽃이 피고 지고 열매가 여문다. 권태와 무념 속에서도 언제인지 모르게 매미 울음소리가 그치고 여름은 지나가고 만다. 그러나 가을의 그 쓸쓸함과 상실감에 비하면 장마와 폭우가 있어도 만물이 살아있어 좋고 성장을 품고 있어 건강한 계절이다. 생애 중 하나의 여름이 또 이렇게 지나가고 있다.

일상의 풍경

빨랫줄에는 달랑 수영복 하나만 걸렸다. 그게 자꾸 눈길을 끈다. 초가을 햇살 바라기를 하며 졸고 있는 말간 햇살에 몸을 말리고 있는 저 수영복이 왜 눈길을 끄는 것일까.

어제 토요일, 가끔 주말을 함께하는 딸네 가족과 수영장에서 즐겁게 시간을 보냈다. 저녁까지 먹고 집으로 돌아오는 길에 조수석에 두었던 수영복 주머니가 보이지 않았다. 운전 중 사위에게 연락해봤더니 자기네 짐인 줄 알고 한꺼번에 다 내렸다는 거다. 급히 차를 돌렸다.

내일 아쿠아 가려면 당장 필요한데 떨구고 오면 안 되는 일. 그래도 멀리 안 가 생각난 게 다행이지. 위태위태 회차해서 가져온 참이라 지금 빨랫줄에서 펄럭이고 있는 저 수영복이 더 의미 있게 보이는지도 모를 일이다.

노년에 들수록 운동과 취미 생활을 즐기라는데 세상은 넓고 할 일은 많다. 잠시만 눈을 돌리면 배울 게 널려있고 자기계발을 위해 시간을 어떻게 활용해야 하는가가 문제다. 열심히는 못 해도 서예 입문한 지 십여 년이 됐고 걷기운동으로 틈날 때마다 공원이나 가까운 숲길을 찾고 있다. 그러다 일 년쯤 전부터 시작한 게 아쿠아 운동이다.

물의 부력을 이용해서 하므로 관절에 무리가 가지 않으면서 비교적 많은 양의 운동이 되니 나이 들어서 하기에는 좋은 운동이다, 스포츠센터에서 처음 신청할 때는 인원이 열 명 정도 되려니 했다.

그러나 수영장에 들어선 순간 놀라고 말았다. 구십여 명의 회원이 일곱 개의 레인에서 질서정연하게 움직이고 있었다. 인어 비늘처럼 늘씬한 강사의 몸짓에 따라 줄 맞춰서 하는 동작은 한 시간이 언제인지 모르게 지나갔다.

처음엔 제자리가 있는 줄도 몰랐으니 이리저리 옮겨 다니다 나중엔 정해진 자리가 있다는 걸 알고는 마치 이민 생활에서 정착하듯 내 자리도 갖게 됐다. 시든 풀잎처럼 축 늘어져 여기저기 통증에 시달리다가도 운동을 하고 오면 몸이 가뿐해지니 주 3회 월 수 금, 아쿠아 운동을 기다리게 된다.

선암사 숲길을 걷는다. 천년 고찰은 아니지만 신라 시대부터 암자 뒤편에서 화랑들이 훈련을 했다는 기록이 남아있다. 도심에서 자동차로 십 분도 걸리지 않는 지척에 이런 숲길을 만날 수 있음 또한 행운이다. 잘 닦인 임도가 있어서 평지 걷기에 제격이다. 허리 수술 후 계단이나 오르막이 불편한 입장이니 한 시간 정도 운동에는 부담이 없어 자주 찾는 편이다.

군데군데 놓인 의자에 앉아 바람의 소리를 듣는다. 나뭇가지와 가지가 서로 부딪혀 한들거리는 청정한 리듬은 실타래처럼 엉킨 복잡한 사념들을 씻어준다. 바람은 잎새의 임. 제 살끼리 부딪는 맑은 고요함은 자연이 주는 여유로움의 극치이다.

오늘은 이웃의 문우와 천천히 걸으며 울창한 소나무숲이 내뿜는 피톤치드를 마신다. 그 또한 다리가 불편해 잘 걷지 못하는 터라 산책의 짝으로는 제격이다. 편안한 나무의자에 앉아 도란도란 얘기를 나눈다. 주로 문단 소식이나 가정사 이야기. 언제나처럼 오늘 목표도 고갯마루에 있는 바람고개가 한계점이다.

이 친구는 노래를 좋아해 느릿느릿 걸으면서도 노랫가락을 흥얼거린다. 복잡한 인생길 빨리 간들 뭐하랴. 나도 따라 부르다 보면 편안한 마음으로 반환점에 이른다. 어느 날은 숲에서 비를 만났는데 그는 태평스럽게 휘적휘적 걸으며 노래를 부르고 있었다. 제법 빗방울이 굵어졌는데도 괘념치 않고 여유 있게 걸어가는 그 걸음걸이에서 작은 몸짓에도 생활의 여유를 바라본다.

며칠째 흐린 하늘이 또 연달아 비를 부른다. 해서 오늘은 선암사 약속도 미루고 만다. 철 늦은 장마가 그칠 줄 모르고 있다. 여름에서 가을로 옮겨가는 계절의 순환 앞에서는 언제고 기상이변이 있었다.

가을의 문턱이다. 오랜 장마의 끝에서는 매번 허기 끝의 탐식처럼 거센 태풍이 한 번씩 휘몰아 지나가야 우기가 물러나곤 했다. 사라호 태풍과 매미가 그랬고 지금도 한반도에 거센 태풍이 북상 중이라는 예보가 있다. 이름도 이상한 '힌남노'라는 초강력 태풍이 몰려오고 있다는 기상뉴스가 연일 화면 가득 채우며 거센 파도가 평범한 일상을 위협하고 있다.

그러나 다행히도 매스컴의 요란함보다는 수월하게 태풍이 지나갔다. 역대급이니 유례없는 초강력이라는 용어가 무색하게 ―. 삶의 그네도 이와 같은 것이려니. 걱정하고 우려한 것보다는 쉽게 지나칠 때도 있고 대수롭지 않으려니 했던 일이 더욱 크게 번질 때도 있다. 반복되는 게 세상사요, 그러려니 하고 사는 게 우리네 인생이다. 이번 태풍의 호들갑처럼 미리 앞당겨 걱정할 필요가 별로 없다는 것을 교훈처럼 남겨주게 됐다.

코로나19 너는 무엇이냐

고지서 업무를 처리하기 위해 보건소에 들렀다. 보건소 철문은 그러나 쇠창살로 감아져 굳게 닫혀 있었다. 공무를 집행하는 관청은 물론이요 시골 오일장까지 모두가 폐쇄되고 열리지 않는다. 거리엔 사람이 드문드문하고 다니는 차들도 뜸하기만 하다. 손 씻기, 마스크 하기, 사회적 거리 두기 등 역병의 예방책이 나날이 티비 화면을 채우고 있다.

바이러스 화살이 독버섯처럼 번져나간다. 사회생활이 거의 마비 상태라 외출은 물론 자제하다 보니 집안에만 갇힌 세월이 언제까지일지 그 끝을 알 수가 없다. 침묵의 삼월, 산천에 꽃은 저 홀로 피고 지고 평범한 일상의 관계성에 얽힌 씨줄날줄의 인연들이 보석같이 여겨지기만 하는 세월이다. 봄날 한가운데서 나라 안은 생기를 잃었고 서민들은 일자리를 잃고 생계를 걱정하게 됐다.

코로나19라는 감염병이 세상을 휘젓고 있을 때 남편과의 이별을 치르게 됐다. 지병이 있었으나 너무 이른 헤어짐이었다. 수도원에서 오신 신부님들과 다섯 분의 사제가 봉헌한 장례미사는 경건하고 엄숙했다. 하느님의 예비하심이었을까. 그 장례미사 후 한 시간 만에 부산교구 전체에 미사 금지령이 내려졌다. 슬픔 중에도 기적 같은 보냄이었다. 그는 미사의 꽃길을 따라 영원하신 아버지의 집에 이르게 된 것이다.

성수를 구하려고 성당을 찾았을 때 뜻밖에도 성당 입구도 쇠줄로 굳게 봉쇄돼 있었다. 낯선 풍경이었다. 기도와 미사를 위해, 모임과 행사를 위해 수십 년간 드나든 성당이 출입구를 막아야 하는 기이한 현상이 일어난 것이다. 갑자기 두려워졌다. 세상은 어디로 가고 있는 것인가. 이 재앙의 근원은 무엇일까.

한국의 천주교 역사 236년 만에 처음으로 미사 없는 주일이 계속되고 있다. 사제들은 사제관에서 혼자 미사를 드리게 되고 신자들은 집에서 기도하며 주일미사를 대송하게 됐다. 주일마다 만나던 교우들이 얼마나 소중하고 귀한 이웃인지를 알게 되고 북적이던 성전에서 드리던 미사 예절이 얼마나 귀한 일인가를 느끼는 시간이다.

이제 진원지인 중국을 떠나 세계적으로 퍼지고 있는 바이러스는 '죽음에 이르는 병'을 초래하고 있다. 우리나라는 이미 팔천 명의 확진자가 생기고 다른 나라들이 입국을 금지하는 국가가 됐다. 모든 공공기관이 문이 닫히는 초유의 사태가 오고 일상생활의 마비 현상이 오자 사람 모이는 일도

금하게 됐다. 집에만 갇히게 된 국민들은 '역병'이라는 보이지 않는 바이러스와의 전쟁을 치르게 된 것이다.

여든이 된 언니는 아주 어렸을 때 호열자가 돌아 집집마다 금구 줄을 치고 사람의 출입을 막았던 때가 있었다고 한다. 그런 난리를 접해보지 않은 이로서는 난생처음의 이 사태가 낯설고 두렵기만 할 뿐이다.

매화랑 목련 등 창가에 만개해 웃고 있는 꽃들이 더욱 마음을 어둡게 한다. 평범하고 당연했던 일상이 모두가 보석이었다.

바이러스는 우리에게 무엇을 가르치고 있는가. 세상에서 일어나는 모든 일 뒤에는 영적 목적이 있다. 우리 모두는 연결되어 있고 한 사람에게 영향을 미치는 것이 다른 사람에게도 영향을 미친다는 것을 상기시키고 있다.

지구와 환경에 대해 무심했던 현대인에게 주는 신의 메시지는 이제 피부와 살갗에 닿는 재앙으로 다가온 것이다. 그리고 우리 삶이 짧다는 것을 깨우쳐야 한다. 우리가 해야 할 가장 중요한 일은 함부로 썼던 지구와 환경을 아끼고 가꾸며 불행한 이웃들을 서로 도와야 하는 것임을 말해주고 있다.

가족과 가정생활, 평범한 일상이 얼마나 소중한 것인데 우리는 이것을 무시했다는 것도 깨닫게 됐다. 우리가 함부로 쓴 지구가 아프다는 것, 소소한 행복의 고마움을 몰랐다는 것, 우리가 잊고 지낸 중요한 교훈을 상기시키고 있는 코로나 19는 그 끝자락이 어디인지 알 수가 없다.

인간의 생태계 무시에 대한 자연의 대응, 하느님은 이런 방법으로 우리 영혼에 죽비를 내리고 있는 것일진대 코로나의 폐해가 불행만 가져옴이 아니라 더 큰 깨달음으로 지구가 맑아지고 공해가 덜해지고 인간 스스로가 작은 것에 감사할 수 있는 변화된 세상을 꿈꾸어 본다.

코로나가 남긴 것

창틀에 빗방울이 송골송골 맺혔다. 어젯밤부터 내리기 시작한 봄비가 종일토록 추적추적 내리고 있으니 잠시라도 오늘은 뒷마당에 나가기도 글렀다. 그야말로 하루 종일 집콕, 어두운 사위에 마음이 더욱 가라앉는다. 그러나 이 비 내린 후에는 봄꽃들이 기지개를 켤 터이니 희망을 품은 대지의 서곡이기도 하다.

목련의 우듬지에는 이미 수줍은 꽃봉오리가 영글고 매화는 만개한 지 오래이건만 분명 봄이 왔어도 아직도 팝콘 터지는 벚꽃의 아름다움을 마음껏 누리지 못하는 현실이다. 일 년 이상 지속되고 있는 코로나 역병의 끝이 언제인지를 모르기 때문이다. 마스크가 없으면 바깥출입을 못하고 거리두기는 여전히 생활수칙의 한가운데 있다. 백신 접종이 시작됐지만 전 세계를 휩쓴 역병에 인류는 아직도 안도할 단계는 아닌 듯하다.

코로나가 우리에게 주는 의미는 어떤 것일까. 또한 코로나가 남긴 것은 무엇인가. 우선 감사의 의미가 클 것이다. 자가 격리니 집콕이니 하는 틀에 갇혀 외출도 마음대로 하지 못하는 팬데믹 세상에 갇히게 되자 이전의 평범했던 일상들이 얼마나 큰 축복이고 행복이었는지를 비로소 마음으로 느끼게 된 것이다, 가족 간의 외식이나 친지들과의 차 한 잔의 담소가 얼마나 소중한 것이었는지는 그것들이 사라지고 난 후에야 더욱 절실한 것이 돼버렸다. 아울러 보고픈 사람도 참고 기다려야 하는 억제와 절제의 미덕도 익히게 됐다.

집 밖을 나설 때는 지갑보다도 마스크가 우선이다. 무심코 엘리베이터를 기다리다가도 마스크를 잊어서 얼른 집으로 들어온 적이 몇 번이던가. 얼마 전 여주 언니 댁에 다녀올 때만 해도 그랬다. 대중교통을 여러 번 갈아타야 하는 먼 길이고 보니 집 나서서 일반 택시를 타는 일부터가 목숨을 건 모험이다. 나날이 휴대폰에 찍히는 안전안내문자는 혹여 해당 시간에 그 장소에 없었다 해도 가슴 졸이는 선고문이 아니었던가.

부산역, 수서역, 지하철, 택시, 모두가 대중이 이용하는 차량이다 보니 어디에 확진자가 스쳤는지 어디가 복병인지는 모르고 그저 무식자의 용감으로 씩씩하게 전진하는 수밖에는 별도리가 없었다. 다행히 무사히 다녀오긴 했지만 시대적인 위험에 노출됐다는 건 간 큰 일이 아닐 수가 없었다.

공중화장실의 손 닦는 휴지를 한 장씩 쓰게 된 것도 코로나가 일깨운 환경보전의 깨달음이 아닐까. 이전에는 두 장은 톡톡 당겨서 써야 손이 뽀송하게 닦인 듯했는데 휴지 한 장이라도 자연을 보호하고 소모품을 아끼자는 의식이 무의식중에 생긴 것이다. 요즘은 아예 손수건을 지참하지만. 우리는 생활 속에서 너무 생각 없이 소모품을 남용했다. 일회용 컵이나 빨대, 공공장소에서의 휴지 과다 사용, 모두가 당연하게 여겨왔던 것이 지구 환경의 역행을 가져왔다.

집에만 칩거하게 되니 자연훼손이 덜하고 장마가 길어지니 수목들이 충분한 영양공급으로 단풍 색깔도 더욱 붉고 조화로워졌다고 한다.

그래선지 올봄의 통도사 홍매화는 더욱 소담스럽고 풍성한 꽃망울을 자랑했다. 어쩌면 코로나가 함부로 대한 자연과 환경의 무분별한 사용에 신의 죽비가 내려진 것이라고 자연 과학자들은 말하고 있다.

감사하는 마음, 지구 환경의 보호, 다음으로는 되찾게 된 신앙심이다. 일 년여 휘몰아친 역병의 여파로 유사 이래 처음으로 성당 문이 닫히고 주일미사의 길도 막혔을 때는 얼마나 난감했던가. 등교를 못하니 학생들은 집에서 미디어 교육을 하게 되고 미사도 TV 영상 미사로 대체하게 됐다. 생애 중 들이닥친 기막힌 현실이었다.

주일이면 자유롭게 미사참례를 하고 수십 년 된 지인들을 만나 평화의 인사를 나누고 미사 후에는 자연스럽게 식사와 친교를 나누던 일이 거짓말처럼 아득해진 것이다. 우리 삶을 주관하던 것은 우리 자신이 아니었다. 우리는 단지 그분의 섭리와 주관에 따라 움직이고 신앙하던 주님의 종에 불과했던 것이다.

나날이 코로나의 종식을 위해 기도하면서 피조물인 우리 자신이 얼마나 작은 존재인지를 절감하게 됐다. 덕분에 낮 열두 시면 어김없이 매일미사를 영상으로 참례하게 되니 이 또한 코로나가 준 신풍속도이다.

아직도 나날이 보도되는 확진자의 수치는 경각심을 갖지

않을 수가 없다. 생명에 대한 경외감, 얼마나 많은 인류가 이 감염병으로 고통받고 죽어가고 있는가. 일선에서 환자들을 지키고 치료하는 의료진들의 노고에 고개 숙여질 따름이다.

집에서 칩거하고 갈 데가 없어진 시민들은 산이나 공원으로 몰린다. 봄볕이 따사로워진 요즘 시민공원에는 운동과 산책 나온 마스크의 대열로 북적인다. 걷기운동과 햇살 바라기를 위해 자주 공원을 찾으면서 마음속에 간절한 염원을 담는다. 하루빨리 이 몹쓸 역병이 인류로부터 멀어져 가기를. 그리하여 옛말하며 이 얄궂은 세상을 역사 속의 추억으로 간직하게 되기를.

밀라노에서 로마까지
–이탈리아 성지순례 기행

밀라노에 도착한 것은 시월 어느 가을날이었다. 서울에서 열두 시간 비행 후였다. 패션과 유행의 고장으로 기억하는 회색도시에는 비가 내리고 있었다. 시가지의 모습은 소박했다. 오래된 사각 건물들과 도로 중앙에 즐비한 가로수 마로니에가 이태리임을 말해 주는데 시내 한복판을 달리는 전차의 모습은 이채롭기만 하다. 길을 가다 가끔 스치는 자연스런 멋쟁이들의 패션 감각은 역시 멋의 고장임을 말해 주기도 한다.

두오모(duomo)란 뜻은 대성당을 의미한다. 세계 제일의 고딕양식을 자랑하는 밀라노의 두오모 성당은 1940년에 전쟁으로 큰 피해를 입기도 했으나 이후 재건된 모습이다. 성당 내부 역시 유럽의 다른 성전들처럼 웅장하고 그 규모가 압도적이다. 성전 내부를 꼼꼼히 보지 않았다면 놓칠 뻔한 것은 뒤편을 빙 돌아가서 만났던 황금의 성모상이었다. 거대한 색채 유리창을 배경으로 우뚝 선 노란 황금색의 성모님은 자애로운 손길을 펼쳐 당신 자녀들을 감싸고 있었다.

육백여 개의 동상들과 상상을 초월하는 스테인드글라스의 위용은 옷깃을 여미고 나태해진 신심을 다시 돌아보게 한다. 나는 성전 의자 뒤편에 앉아 조용히 고개 숙인다. 그리고 이 순례여행을 위해 기도해 주고 있는 열두 명의 지인들을 일일이 기억한다. 성지순례를 갈망했으나 건강상의 자신이 없어 그들에게 간절한 마음으로 기도를 청하고 온 것이다. 가톨릭의 본고장에서 유서 깊은 성당을 순례한다는 것은 어떤 의미일까. 단순히 눈에 담는 것? 마음에 담는 것? 영적인 치유와 위로가 우선일 것이다.

몬티키아리

예수고난회 수도회 재속회에서 떠난 이탈리아 순례기행은 몇 년의 준비 끝에 실행됐지만 개인적으로는 탈출과 치유를 위해 떠난 순례여행이었다. 손녀 육아로 힘들고 지쳐있던 일상에서 잠시나마 놓여나 내 안의 어둠과 혼돈에서 벗어나고 싶었다. 칠순의 늦은 나이에 아기를 키운다는 것은 만만한 일이 아니었다. 육신이 무리하게 힘이 들자 마음마저 나약하게 지쳐있었던 것이다. 떠남은 과연 치유를 가져올 수 있을까. 그러나 과중되는 일상의 시련은 육신의 피폐에도 불구하고 무조건 떠나옴을 부추겼다.

빗속에서 '신비로운 장미'의 몬티키아리 순례가 시작된다. 성모님께서 한 간호사에게 나타나 성직자 수도자의 성화를 위한 기도를 부탁하며 이곳에 일곱 번이나 발현한 곳이다. '몬티'는 지명이고 '키아리'는 성스런 언덕이란 뜻이다.

미사 봉헌 후 성수에 발을 적시고 기억하는 지인들의 기도 지향을 한 사람 한 사람 열두 장에 적어 성지의 투명한 기도함에 넣었다. 기도란 통공의 힘. 여행 내내 그들에게서 얻는 영적인 힘을 느꼈기에 나 또한 끊임없이 그들을 기억하며 기도한다.

영혼의 치유란 어떤 것일까. 피 흘리며 상처 입은 예수상 앞에서 엉엉 오열을 터뜨렸다. 예상치 못한 일이었다. 홀로 우산 속에 서서 한참을 그렇게 흐느꼈다. 눈물과 빗물이 함께 뒤섞여 흘러내렸다. 땀과 고통과 회한의 눈물은 고통 속에 갇혀있던 영혼의 상처를 깨끗이 정화해 주고 있었다. 간절히 원하던 영적인 치유. 눈물의 가치는 내재돼 있던 마음의 응혈을 깨끗이 씻어주었다. 마침 세차게 내리고 있는 가을비처럼. 과연 성지순례는 영적인 보약을 먹는 것일까. 오후 늦게 십자가의 성 바오로의 생가가 있는 오바다로 이동하다.

오바다(ovada)

예수고난회 영적 가족으로서 창립자 성인이신 십자가의 성 바오로 생가에 도착한 것은 개인의 경험으로도 역사적인 일이다. 1694년 이곳에서 태어난 성인은 아버지 루카 다네이와 어머니 안나 마리아미사리 사이의 둘째로 태어났는데 귀족 가문이어서 그들의 저택이 카스텔라조의 시청이 되었다고 한다.

성 바오로는 카스텔라조에 있는 성 찰스 성당에서 40일간

피정을 하며 단식과 기도를 했고 이 기간 중에 영적일기와 당신이 창립하고자 하는 수도회의 규칙 초안을 마련하였다.

찰스 성당 내부는 소박했으나 성인이 기도하던 작은 방은 그 협소함에 놀라지 않을 수 없었다. 두 평 정도? 숨막히는 공간이다. 작은 창문 사이로 햇빛을 마시고 어떻게 바깥공기와 소통했을까. 공간 개념을 벗어나 영적 깨우침을 얻기 위해서는 넓은 공간이 필요치 않았던 것일까. 너무도 작은 이 방에서 40일간의 단식피정을 할 수 있었음은 경이로운 일이었고, 우리 순례단 스물두 명은 다 들어서지도 못해 일부 바깥에 서서 기도할 수밖에 없었다.

수백 년 전 성인을 낳은 생가에 발을 딛는다는 것은 어떤 의미일까. 그가 앉았던 의자, 편태를 행하던 쇠사슬, 고독 가운데 예수님을 바라보던 표정에 마음이 숙연해진다. 사제였던 그의 손때 묻은 영대, 데드마스크 등이 고스란히 보관돼있다. 젊은 시절 성인의 모습에서 형형한 눈빛과 거룩함에 대한 짙은 갈망을 읽을 수가 있었다.

성 바오로의 생가에서 봉헌되는 미사예절. 전진, 서현승 두 신부님께선 제의가 아니라 선배 창립자가 만드신 검정 수도복을 입고 미사를 집전한다. 감회가 남다르다. 영적 가족인 우리 순례자들은 성인께서 성모님께 영감을 받아 직접 만드신 수도회 마크를 가슴에 달아 가족으로서의 일치감을 나눈다.

이백여 년 전 이태리 작은 마을에서 수도회를 창설한 창립자를 낳으신 땅에서 우리는 경건한 마음으로 미사예절에 임한다. 십자가의 신비를 추구했던 창립자의 영성을 우리는 얼마나 닮으며 살아갈 수 있을까.

흙벽 길로 된 카스텔라조의 골목길을 천천히 걷는다. 성인의 발걸음이 밴 성 마르틴 성당과 성 마리아 성당을 순례하다. 연로하신 본당 신부님께서 구부정한 허리로 우리 순례단을 맞이해 성심을 다해 안내해 주신다. 다른 현지 가이드가 없이 이태리어가 가능한 전진 신부님의 통역으로 우리는 성인의 행적을 몸으로 느낀다.

성 바오로가 다니던 낡은 목조건물의 성 마리아 성당. 삐걱하고 무거운 문을 밀고 들어서자 어둑신한 신의 공간이 펼쳐진다. 천 년 가까이 된 동네 한복판이 낡은 성당이다. 지금도 사람들은 주일마다 이 성당을 찾아 하느님을 만나고 자신의 신앙을 확인하고 있다. 평범한 시골의 이 작은 성당에서 성인이 탄생한 것이다.

토벽으로 둘러진 작은 골목길에 이르자 발걸음을 멈춘다. 지금 고난회 수도자들이 입는 수도복과 고난회 마크가 이 골목에서 영감을 얻어 만들어진 곳이라고 한다. 담벼락에 부착된 청동의 자그마한 설명글을 보면서 역사의 현장에서 우리는 또 단체사진을 남긴다. 성인이 수없이 걸어다니며 발자국을 남겼던 골목길을 동방의 나라에서 온 당신의 영적 가족들이 부슬비를 맞으며 걸어가고 있는 것이다.

루카(lucca)

성녀 젬마 갈가니(1878~1903)의 고장 루카의 아침햇살이 고즈넉하게 마로니에 잎사귀를 비춰주고 있다. 간밤에 내린 비로 나뭇잎에 내린 햇살은 맑은 윤슬이 되어 가로수의 우듬지에서 반짝반짝 빛을 내며 흔들리는 신선한 정경이 청량감을 전해준다. 성인을 배출한 고장은 어디든 평범하다. 기념성당에는 젬마의 영적지도를 맡았던 예수고난회 볼피 몬시뇰이 모셔진 무덤제대와 함께 누워있는 성녀의 청동상이 제대 아래 모셔져 있다. 예수님의 오상五傷을 받은 젬마 성녀는 초자연적인 상태에서 청빈한 생활로 생애의 말년을 보냈다.

'젬마'는 라틴어로 진주, 보석이라는 뜻. 성녀 젬마는 생전에 예수고난회 수도복을 입기를 원했으나 건강상 이유로 그 뜻을 이루지 못하고 사후 성녀의 원의를 존중하여 수도복이

입혀지고 고난회의 표지를 달게 됐다. 오래전 젬마 성녀 전기에서 읽은 청빈과 단순함을 살던 그녀의 덕행이 마음속에 떠올랐다. 섬약했던 성녀는 식사 때도 스푼에 구멍을 뚫어 남들이 보기에는 제대로 된 식사를 하는 것처럼 보였으나 실상은 조금씩밖에 먹지 않는 극도로 절제된 생활을 했으니 건강 또한 온전치 않았을 것이다. 젬마 성당에서 피렌체 예수고난회 수녀원에서 교육사목을 하고 있는 한국인 황미카엘라 수녀님과 잠시 합류하다.

성녀가 예수의 오상을 입은 후 입양됐던 지아니니 가문의 건물은 지금 수녀원이 돼 있다. 그녀가 다니던 성당, 마지막 임종한 방 등을 돌아보며 성인의 흔적과 함께 종일을 걷다 보니 몸은 이미 지쳐 파김치가 돼 눈에 보이느니 의자뿐이다. 이 시원찮은 육신으로 순례길에 오른 무모함. 고귀한 신심도, 여행의 즐거움도 건강이 우선돼야 함을 절실히 깨닫는다. 통증을 견디기 힘들어 홀로 의자에 앉아 다리에, 등허리에 파스를 붙이기 시작하다.

몬테아르젠타리오

창립자의 첫 번째 수도원이었던 몬테아르젠타리오에 도착했다. 버스에서 내리자 어둠 속에서 둥글고 환한 보름달이 우리를 반기고 있었다. 예수성심의 크나큰 사랑과 사부이신 십자가의 성 바오로의 푸근한 포옹이 그 달빛 속에 스며 있었다.

서울 부산 광주 등 순례객 스물두 분 중에 오늘은 제4조에 속한 우리 조의 미사전례 담당이다. 제1독서를 맡은 나는 모세의 탈출기를 봉독하고 아들을 위한 감사미사를 봉헌했다. 떠나오기 전 아들의 인사발령과 함께 승진 소식이 있었다. 모두가 감사한 일이었다.

창립자께서 동생 요한과 함께 은수했던 은수처요, 최초의 수도원이었던 건물은 현재 지역의 피정 집으로 운영되고 있다. 푸른 바다가 바라보이는 에콜레 항구에 위치한 수도원은 한적한 시골마을의 정경이다. 마른 빵과 우유로 차려진 수도원의 아침 식탁은 소박하다. 간단한 식사 후 베트랄라에 있는 '거룩한 천사 성당'을 방문하다. 이곳은 창립자의 순회설교지역으로서 사제로 사목하며 25년을 살았던 곳이었다.

아씨시

로마에 있는 아씨시 성 루피노 성당은 프란치스코 성인의 세례본당이다. 성당에는 성인의 유해가 모셔져 있고 의복, 머리카락 등도 보관돼 있다. 후일 신학생들의 주보성인 '가브리엘 포센티'(예수고난회)도 이곳에서 세례를 받았으니 루피노 성당은 성인을 두 분이나 배출한 곳이다. 성당으로 꾸며진 프란치스코 생가도 방문했는데 입구에는 귀족 부호였던 성인의 부모님이 청동상으로 부조돼 있었다.

프란치스코 대성당에서는 유학 중인 한국인 사제(콘벤투알)를 만나 자세한 안내를 받을 수 있었다. 수도원 성전의 그윽한 연분홍빛 회랑은 아름답다. 아씨시에서만 나는 흙의 색깔이 분홍색 벽돌로 구워진 것이라 한다. 긴 회랑이 이어진 수도원의 언덕에서 평화로운 아씨시 시사지를 내려다보며 성전 유래를 설명하고 콘벤투알, 카푸치 작은 형제회에 대한 유래 설명도 자세히 이어졌다.

기대했던 '천사들의 성 마리아 성당'은 삼십 년 전에 와 본 곳이라 기대감이 남달랐다. 그새 강산이 세 번이나 변한 삼십 년이라니. 한창 신앙이 불타던 사십 대에 왔으니 그때는 감성도, 초심도, 생기발랄할 때였다. 성당으로 향하는 오래된 전나무 길도, 성당의 아름다운 위용도 여전했으나 아무래도 처음 순례시의 신비감이 덜했음은 그만큼 감성이 노후된 탓이 아니었을까.

성인이 욕망과 싸우기 위해 자제했던 장미밭에는 시간제한으로 문이 잠겨있어 들어가지 못했지만 하느님께서 특별한 은총으로 장미가시를 없이 해준 그 은총만을 가슴에 담기로 했다. 원했던 장미묵주도 사지 못했다.

이어서 산 조반니 로톤토로 이동, 오상의 비오 신부님 성지를 순례하다. 이태리의 웬만한 지도에는 표기도 안 될 정도로 작은 산골마을이다. 영적 편지와 수많은 치유의 흔적들. 넓은 광장 한복판에는 하얗게 우뚝 선 '고통을 덜어주는 집' 건물이 먼저 눈에 들어왔다. 성인 생전의 유품과 박물관을 순례하는데 이미 체력이 고갈돼 걷기가 매우 힘들 정도였다.

끝없는 계단과 아득하기만 한 이동거리. 누군가의 말처럼 여행은 가슴 떨릴 때 와야지, 다리가 떨릴 때 오면 안 된다는 걸 절감하는 시점이었다. 이후 네투노에 있는 성녀 '마리아 고레티' 성지와 그랑사소에 있는 '가브리엘 포센티' 성지를 순례할 때는 그저 간신히 몸만 따라다닐 뿐 기행을 메모하기도 힘들어졌다. 한 발자국 걷는 일이 무서워져서 무슨 성지순례를 하겠다는 것인지. 자신이 점점 한심해지기 시작하다.

아직도 순례 일정은 절반도 소화하지 못했다.

베드로 대성전

드디어 로마로 이동하다. 마침 수요일이라 교황님 수요 정기 알현일이다. 베드로 대성전 광장을 자리 잡은 수많은 인파들. 우리 순례단이 자리한 곳은 이미 군중 속을 지나치는 교황님을 뵈기에는 불가한 거리라 전광판을 통해 프란치스코 교황님의 인자한 모습을 알현한다. 시월 햇살은 따가운데도 피부에 닿는 공기는 싸늘하기만 하다. 로마의 가을은 다소 쌀쌀한 느낌이다.

노란색, 청색의 줄무늬가 있는 멋진 스위스 근위병들의 제복이 수백 년 전 미켈란젤로가 디자인했다는 사실은 놀라운 일이다. 수요 알현이 끝난 텅 빈 광장에는 하늘을 찌르는 높다란 오벨리스크 첨탑만이 홀로 지키고 섰다. 이런 때 나는 이름 모를 그대에게 편지를 쓰고 싶다. 적막한 마음 공간 어느 한곳을 담아 로마의 그림엽서에 담아둘까. 군중 속의 고독이 훑고 지나간 마음자리는 신의 존재도 인간의 갈망도 그 무엇이 중요한지의 가치를 묻고 있었다.

이미 수많은 성인들의 유적지를 순례해 왔다. 로마의 성인 필립보 네리 사제 유해를 참배하고 또 기도한다. 성인들의 유적지나 성지마다 주모경을 바치고 경건하게 손 모으는 전진 신부님의 열정이 지친 순례객들을 말없이 인솔하고 다독인다. 건강이 좋지 않은 이들은 안수기도로 위로하는 정성이 예수님의 자애를 보는 듯하다. 여정에 지친 내가 아마 제일 많은 안수기도를 받지 않았을까. 제대로 걷지 못하는 나를 위해 거의 매일 밤 성심껏 안수기도를 해주시다.

로마의 수많은 성당들. 라테란 대성전, 예루살렘 성 십자가 성당. 성녀 아네스 성당, 모니카와 아오스딩 성당을 지나 바오로 대성당에 이르렀다. 어디가 어딘지, 나중에는 모호하다.

지친 몸으로 로마 시가지를 걸으며 오로지 피곤과 마주하다. 그 화려한 시스틴 경당과 바티칸 박물관을 돌아볼 때는 인파와 갈증에 휩싸여 일행의 팔짱에 의지해야 할 정도였다. 룸메이트인 한정희 루시아 씨가 좋은 조력자가 되어주었으나 본인으로서는 얼마나 힘들었을까. 돌아와서 생각해도 정말 고맙고 미안한 사람. 트레비 분수의 그 아름다운 푸른 물도 여독에 쌓인 짙은 피곤을 씻어주지는 못했다.

그러나 이튿날 새벽, 숙소 근처에 있는 베드로 성전에서 새벽미사를 드리기 위해 어둠 속을 걸어 나왔다. 초인적인 힘이었다. 이제 또 언제 로마에 오고, 베드로 성전을 순례할 수 있을지 모른다는 아쉬운 갈망이 힘든 몸으로 한발 한 발 어둠 속을 걷게 했다. 사람은 역시 육신보다는 영이 먼저라는 것을 실감하고 있었다.

예수고난회 로마 총 본원

본원에 도착한 날은 마침 2016년 10월 19일, 십자가의 성 바오로 창립자 대축일이다. 세계 각지에서 모인 예수고난회 가족들이 성대한 축일미사를 준비하고 있었다. 수많은 성직자 수도자들이 하얀 제의와 고난회 마크가 함께하는 축일미사에 우리 순례단도 함께 합류할 수 있었음은 매우 뜻깊은 일이요, 이번 순례길에 대단원의 정점을 찍는 순간이었다.

로마 본원에서의 마지막 밤은 인상적이었다. 내방자를 위한 객실은 널찍했으며 밝고 깨끗했다. 1779년 클레멘스14세 교황에 의해 수도회에 기증된 본원 건물은 고풍스러웠고, 수녀님들이 준비한 순례객의 아침식사는 정갈하고 넉넉했다. 고기와 야채, 빵과 수프는 13일간의 여정에 지친 순례객들에게 위로와 안정을 주기에 충분했다.

드디어 고난의 행군이 끝났다. 건강 허약상태에서 떠난 내게는 매일이 전쟁이었고 저녁에 죽었다가 아침에 다시 살아나곤 했다. 그 사실이 바로 순례의 기적이었다. 순례기행이 주는 의미는 무엇일까. 수많은 성인들의 유적지를 돌아보며 느낀 것은 그분들의 영성을 가슴에 담아 앞으로의 삶에 밑거름을 삼아야 한다는 것이었다. 그리고 서로가 서로에게 힘이 되어 지친 몸을 다독이며 위로와 격려를 다한 동반자 가족에게도 감사할 일이었다.

얻은 것은 분명 정신력이었다. 힘든 여정에서도 나는 죽지 않고 살아왔다는 것. 사소한 일상의 시련 앞에서는 힘들게 걷던 로마 거리를 떠올리곤 한다. 심신의 허약을 일으켜 세워준 성지순례의 기억은 일생 내 안의 어떤 자양분이 되어 줄 것이다.

(2016년)

김양희 여덟 번째 수필집

그대 목소리

인쇄 2024년 11월 4일
발행 2024년 11월 8일

지은이 김양희
발행인 서정환
펴낸곳 수필과비평사
주소 서울시 종로구 삼일대로 32길 36(익선동 30-6 운현신화타워) 305호
전화 (02) 3675-3885 (063) 275-4000 · 0484
팩스 (063) 274-3131
이메일 essay321@hanmail.net
출판등록 제300-2013-133호
인쇄·제본 신아출판사

ISBN 979-11-5933-554-9 03810
값 15,000원

Printed in KOREA

*본 도서는 2024년 한국예술인복지재단의 지원으로 제작되었습니다.